¿NO ES ESTE EL CARPINTERO?

Luis Arturo Giménez Alamán

MANUALES DE ORACIÓN | 31

PPC

Ilustraciones
Luis Arturo Giménez Alamán

© 2025, Luis Arturo Giménez Alamán
© 2025, PPC, Editorial y distribuidora, S. A.
Parque empresarial Prado del Espino
Impresores, 2
28660, Boadilla del Monte (Madrid)
ppcedit@ppc–editorial.com
www.ppc-editorial.es

ISBN: 978-84-288-4265-5
Depósito legal: M-5371-2025
Editado en España / edited in Spain
Impreso en la Unión Europea / *printed in European Union*

A todos los que siguen soñando.

A los que anhelan al Novio.

A los que desean abrazar y ser abrazados.

A los que iluminan.

A los que están en la noche.

A los que abren puertas.

A los que ayudan a llevar cruces.

A los que son como primaveras.

A los que son poliédricos y versos libres.

A los que se quedan en los márgenes.

Presentación

Este libro que tienes en tus manos contiene nueve relatos y unos poemas. Es la forma en que Luis Arturo Giménez Alamán, con su segunda obra, quiere transmitirnos un mensaje esencial para la vida y para la experiencia de la fe.

Sabemos que el relato "es una narración breve en la que se cuentan sucesos determinados por medio del lenguaje". Son historias concretas en las que se da importancia a personajes o hechos relevantes. El que relata, sabe que ha de sintetizar lo más importante y enfatizar aquellos detalles que son esenciales para que se pueda captar el mensaje que hay en el fondo del texto.

Lo que desea el autor, y creo que lo consigue, es introducirnos en distintas historias llenas de simbolismo e imágenes que nos trascienden y nos llevan a valorar aspectos importantes de nuestra vida a partir de los propios textos bíblicos, "como si presentes nos hallásemos".

La clave de lectura de este libro es hacerlo de modo reposado. Cada relato requiere su atención, reflexión y aplicación a la vida. Por tanto, si decides adentrarte en esta obrita que tienes en tus manos, lee, relato tras relato, dejando una pausa para que las palabras pasen de la cabeza al corazón, y permítete sentir a dónde te lleva cada uno de ellos.

Los relatos no nos dejan quietos, nos trasladan a espacios donde suceden las diferentes historias con ricos elementos alegóricos y personajes con los cuales nos podemos identificar.

"Memento mori", "El novio", "Oficio de tinieblas", "La noche", "La puerta", "Elogio a un madero"... son algunos de los títulos de las distintas narraciones que aquí se recogen. En ellas transitaremos por distintos entornos viendo desde un niño dormido sobre una cruz, a jardines de hermosas y coloridas flores y ricos aromas así como desiertos donde se habla al corazón desnudo.

Sentiremos la espera insoportable de los amados que se anhelan.

Cruzaremos antiguos monasterios y oiremos el eco de sus solemnes antiguas liturgias que nos llevarán hasta el abismo de la terrible soledad que Yeshúa vivió.

Veremos cómo la noche es tiempo de salvación y caminaremos bajo el resplandor de estrellas que anuncian presagios.

Nos recostaremos sobre una puerta vieja de madera en la que hay grabada una antigua inscripción y por la que a través de sus agujeros se ve la intimidad de una extraña cena que "recrea y enamora"… hay demasiadas puertas cerradas.

Contemplaremos el madero de la cruz, donde se da el escándalo que descentra, y donde nos podemos hacer la pregunta: ¿Se puede amar más?

Sentiremos el tacto de los abrazos al acoger al otro. Estos nos trasportarán a distintos lugares hasta llegar a la tierra donde la ternura habita.

Oleremos el aroma de unos tulipanes abiertos junto a un muerto que vive, ayudados por el amor, que siempre ayuda a los sentidos.

Escarbando entre las Escrituras nos dejaremos sorprender por este Dios que escoge a los segundones y pone su mirada en los pequeños. Hoy, como ayer, lo de Dios sigue provocando extrañeza, escándalo, así son las cosas de Dios, a nosotros solo nos queda decir gracias.

Finalmente, el autor nos presenta, como él mismo afirma, unos "versos libres". Palabras que parecen oraciones, que nos sitúan ante el "misterio" de un Dios que se hace percibir como "ausencia y presencia", como Aquel que ha salido a nuestro encuentro y con quien nos dejamos encontrar.

Amar y dejarse amar. "Se hace carne y en su carne se nos hace cercano y redentor". Somos como un montoncito de tierra amada, sostenida y besada, donde se guardan los sueños y germina la vida.

Como no puede ser de otra manera, termina sus versos dando gracias por tanto don recibido de las manos de un Dios que nos envía a su propio hijo: Yeshúa. En estos relatos y versos encontramos el "misterio" y la "música interior" que lleva el hijo del carpintero.

Quien se encuentra con él, ha encontrado un tesoro o una perla preciosa que da mucho gozo y por quien vale la pena arriesgarlo todo.

Gracias, Luis Arturo, por hacernos partícipes de este Yeshúa que tantas vidas ha transformado y seguirá transformando. Tus relatos nos acercan a conocerlo más y mejor.

José Luis Coll Esteve. Franciscano

PRÓLOGO

En el corazón del hombre y de la mujer se dan certezas, algunas más fundamentadas, otras menos. Simultáneamente, y como no podía ser de otro modo, también florecen las dudas. Ante ellas, escuchar una voz que ayude y que dé luz, que ponga nombre a distintas realidades que vivimos, tranquiliza y nos ayuda a hacer pie. De ahí la pregunta de este nuevo libro: ¿No es este el carpintero?

Es una pregunta que no está salvada de la duda, pero en ella ya se intuye y saborea una respuesta afirmativa: lo es.

Con mi segundo libro he querido, a través de estos relatos cuya base es la Palabra, ofrecer una serie de imágenes, de escenas, de símbolos y significados que abran y nos lleven a un lugar más allá de ellos mismos, conduciéndonos hasta él, aquel nazareno cautivador de corazones de todos los tiempos. Colocados a sus pies, sin dejar de mirarle podemos preguntarnos ¿Acaso no ha sido todo el tiempo él?

¿Qué hay en un taller de carpintero? ¿Qué herramientas? ¿Cómo son los espacios? ¿A qué huele? ¿Qué luz entra por la ventana? ¿Qué secretos guarda el banco donde trabaja la madera? Tiene que haber tantas cosas, tan variadas... Yeshúa utilizando esas herramientas sobadas por sus manos, legadas por un padre que le enseñó el oficio... El ruido del taller, los sonidos habituales hasta que enmudezcan porque el Galileo desea recorrer todos los caminos de la tierra.

Este librito es como ese banco de carpintero en el que podemos encontrar un poco de todo. Depende del cajón donde busques, querido lector, querida lectora, descubrirás una cosa u otra: contemplación, curiosidad, tensión, tristeza, anhelo de algo más, o de alguien más, deseo de seguirle, o de amarle mejor, o sorpresa, un poco de poesía, esperanza...

Todas las cosas que encuentres apuntarán hacia la pregunta inicial. Quizá en tu propia vida hayas tenido, o tengas en el futuro, experiencias en el que vuelvas a preguntarte... ¿Ha sido él? ¿Era él?

Deseo que, a través de estos relatos, puedas preguntarte si en tu vida, en este momento, ante aquella realidad que estás viviendo, o viviste, fue él, ¿acaso no ardía nuestro corazón?, ¿no es este el carpintero?

Agradezco a la editorial PPC, nuevamente, la confianza mostrada hacia mi trabajo, a cada una de las personas que han colaborado para dar a luz este nuevo libro de relatos, y a María Dolores Royo, siempre generosa, por la revisión textual de la obra.

Que estos relatos te sirvan para descubrir nuevos matices en tu relación con Yeshúa, que te lleven a adentrarte en la espesura del amor y a vivir una intimidad más profunda con él.

Luis Arturo Giménez Alamán

1

Memento mori

María estaba prometida a José y, antes del matrimonio, resultó que estaba encinta por obra del Espíritu Santo. José, su esposo, que era un hombre justo y no quería denunciarla públicamente, decidió repudiarla en secreto.

Ya lo tenía decidido, cuando un ángel del Señor se le apareció en sueños y le dijo:

—José, hijo de David, no tengas reparo en acoger a María como esposa tuya, pues lo que ha concebido es obra del Espíritu Santo. Dará a luz un hijo, a quien llamarás Jesús, porque él salvará a su pueblo de sus pecados.

Todo esto sucedió para que se cumpliera lo que el Señor había anunciado por medio del profeta: "Mira, la virgen está encinta, dará a luz a un hijo que se llamará Emanuel, que significa: Dios con nosotros".

Cuando José se despertó del sueño, hizo lo que el ángel del Señor le había ordenado y acogió a María como esposa. Pero no tuvo relaciones con ella hasta que dio a luz un hijo, al cual llamó Jesús.

Mateo 1,18-24

A los seis o siete años llamaba mi atención una escultura de un niño Jesús dormido sobre una cruz. Presidía el coro bajo de un convento de monjas Capuchinas. Iluminado por una pobre bombilla de tungsteno de cuarenta y cinco voltios, pues pobres eran aquellas mujeres hijas de Clara, la más pobre de Asís, se descubrían las *arma Christi* (instrumentos de la pasión), rodeando el sueño de aquel infante. La cruz, unos clavos, un martillo, una lanza, una corona de espinas, unos dados...

Con el paso de los años y la llegada de los tecnicismos, me comunicaron que esa tipología de imágenes, muy conventuales, recibía el nombre de *Memento mori*, o "sueño de la muerte". Si cierro los ojos, y así lo vuelvo a hacer mientras escribo este relato, vuelvo a contemplar ese coro oscuro, algunos rostros femeninos sonriéndome y aquel niño dormido en semejante lecho, iluminado por una bombilla de cuarenta y cinco.

Cuando nació Yeshúa, aquella noche el cielo se rasgó para destilar su secreto más sagrado, un rocío que cubrió la tierra entre cantos de ángeles. La tierra se abriría algunos años después para tragarlo vivo, como tragara aquella ballena, aquel monstruo marino a Jonáh (Jonás).

Tres días después, en la que no pudo retenerlo por más tiempo, lo vomitó frente a las costas de Nínive.

Cuando el firmamento regaló a la tierra a aquel niño, se quedó dormido sobre un leño. Un niño dormido sobre un tronco, un sueño de muerte. Un madero no es lugar donde reclinar la cabeza de un recién nacido para soñar. Un leño no es objeto donde reposar, aunque algunos lo utilizasen en momentos concretos para descansar y continuar un viaje.

Se quedó dormido, al fin, tras un buen rato llorando. Comenzaba entonces a acostumbrarse al sufrimiento, y el suelo a recibir las primeras gotas de lluvia de un cielo que por primera vez en la historia estaba por debajo de él. Nunca el cielo había tenido tan cerca la tierra, tampoco al revés, desde que Elohim separase la luz de las tinieblas, desde que el maná rozara la arena del desierto como si fuera rocío; un menú exquisito durante cuarenta años complementado por la carne de codornices y agua de roca.

Aquel niño se dormía ahora recostado sobre lo que parecía la leña de un holocausto. No había sido capaz de reconocer aquel madero sobre el que descansaba. Tenía forma de cruz.

Solo algunos eran capaces de dormir en tan extremas superficies. Solo aquellos que no tenían donde reclinar la cabeza eran capaces de conciliar el sueño en semejantes lugares.

Concibió el sueño Ya'akov (Jacob) sobre una piedra que tomó de un lugar para ponérsela de cabezal. Soñó con una escalera que apoyada en tierra firme llegaba hasta el mismo cielo y por la que subían y bajaban ángeles. Inútil esfuerzo para aquellos de cuyos omoplatos nacen alas. Las antiguas escaleras que llegaban al cielo y por las que bajaban y subían figuras celestes fueron recortándose en su altura. Las más altas, ahora, solo se utilizaban para descender cadáveres de los patíbulos.

Los hombres siempre renegaron de aquellos que andaban a caballo entre el cielo y la tierra. Demasiada luz, aquella que sacaba al descubierto las sombras angulosas de los preparadores de cruces para dormir sueños eternos. Ellos siempre prefirieron las tinieblas.

A pesar de esa piedra por cabezal, el Yo soy le prometió durante aquel sueño la bendición de todo su linaje que alcanzaría todos los puntos cardinales, y su compañía hasta cumplir su revelación. Cuando Dios prometía algo, ya lo estaba cumpliendo de alguna manera a la hora de expresarlo; una forma anticipada de ir regalándose.

Descubrió Ya'akov (Jacob), cuyo nombre designa "talón no abandonado", que Yahvéh moraba en aquel lugar y no se había percatado. Desde aquel día la humanidad descubrió la presencia de su Dios en los lugares más insospechados de la vida, en los escenarios más incómodos y dolorosos; ¡desconcertante! Cuando del niño dormido caía aquella baba de sueño profundo, entre la comisura de sus labios de recién nacido, se asemejaba a aquel óleo que Jacob vertió al amanecer sobre aquella piedra-almohada en la que había dormido y que erigió como estela del lugar llamado Betel.

Junto al madero sobre el que descansaba el pequeño había unos dados. Un niño recién llegado al mundo no entiende ni de juegos ni de suertes. Los comprenderá más tarde; pronto se acostumbrará a aprender las reglas y las normas entre risas y juego; trampa. El libro de los Proverbios afirma que las suertes se echan en la mesa pero el veredicto proviene de Yahvéh.

Siempre guardarse de la suerte fue una garantía que prevenía la codicia, hasta de aquella que ansiaba quedarse con los vestidos y túnica de un ajusticiado a muerte. A un condenado ya no le sirve la ropa, menos aún a los cuerpos llamados a ser contemplados desnudos.

Junto a los dados había una esponja. Con ella podía haberse lavado a aquel niño que respiraba las primeras veces de su corta vida; la sangre de una madre que todavía estaba pegada en las comisuras de su pequeño cuerpo.

Aquella esponja nunca más fue utilizada para limpiar a nadie, pues empapada en vinagre esperaba, macerando, para ser probada, solo probada. Una vez que Yeshúa la acarició con sus labios ensangrentados se secó. Ningún reo más volvió a beber de ella, pues en ese beso del condenado se concentraban todos los besos sedientos de todos los ajusticiados de la historia, los pasados y los venideros, por eso fue la última vez que se rozó con un rostro humano.

En un extremo del madero descansaba una corona de espinas. Trenzada como una corona de novio, esperaba para ser colocada sobre las sienes del Amado. No había ni rastro de flores en ella, habían caído por los rigores de aquel invierno en Bethlehem. Una corona sin flores para un novio que provenía del desierto con sus penetrantes ojos negros, con sus pómulos marcados y unos labios lacerados por los vientos del desierto de Judea que algunos llamaban Midbar Yehuda.

Debajo de aquella corona de espinas sin flores reposaba una lanza, un *pilum* romano afilado cuya punta emplazaba hacia el Oriente. Parecía una aguja de brújula imantada que siempre marcaba el camino y apuntaba una dirección. A ningún padre en su sano juicio se le ocurriría acostar a un recién nacido junto a una lanza; sin embargo aquel bebé pasaba su pierna por encima de aquella pica en un reposado y tranquilo sueño. Aquel instrumento no había sido concebido para ser un juguete de niño, sino para abrir carnes y atravesar costados, como una azada que abre la tierra y al punto brota sangre y agua.

La mano de aquel niño judío acariciaba un martillo, la otra unos clavos de cabeza plana. Parecía que desde su mismo nacimiento, anunciado por aquella estrella, los cielos habían decidido su profesión de artesano, y ahora el pesebre se había convertido en un banco de carpintero donde domar y trabajar la madera joven de aquel niño destinado a ser artesano. Su padre, Yosef, se encargaría de enseñarle poco a poco los entresijos del oficio.

Uno de los clavos puntiagudos acariciaba su muñeca, llegó a arañarla en un momento dado. Empezó a rozar aquella indefensa carne a la rigidez y fibra ferrosa de aquel metal al que se iría acostumbrando a lo largo de los años desde su oficio en Nazaret hasta su última obra en un monte con forma de Calavera. Allí sería colgado de ellos para ser expuesto como un estandarte hacia el que todos mirarían.

Un farol colocado cerca de su rostro iluminaba sus mejillas. Parecía que aquel lucero, que mostraba el lugar del nacimiento, había bajado del cielo hasta introducirse en aquella lámpara que ahora perfilaba y revelaba el rostro del prometido de los tiempos.

El fuego siempre fue un aliado del hombre para iluminar las tinieblas; para buscarse los amantes y al fin conocerse; para prorrogar las horas y la vida, mordisqueando y arrancando minutos, incluso horas, a la noche una vez que el sol caía. Allí, frente a faroles, se contaban historias y se alargaba el tiempo de la promesa: el recuerdo y la memoria heredada del resto de un pueblo acostumbrado a los éxodos y a las deportaciones.

Más de treinta años después necesitarían de algunos faroles para reconocer, entre las sombras azuladas de los olivares que circundaban la ciudad santa, el rostro de aquel niño-Yo Soy convertido en hombre, y sellar la alianza con el último beso que dio un amigo traidor.

El canto de un gallo despertó del primer sueño de su vida a la criatura y lo asustó. Su madre lo amamantó calmándolo. Los labios del pequeño succionaban la leche de una nazarena que llenaba de vida al que toda vida había creado. Desde aquel día, y sin saber por qué, Yeshúa siempre se estremecía cuando en mitad de la noche los escuchaba cantar, como si preanunciarán algún tipo de rumor o sueño de muerte.

2

El novio

Esto dice el Señor:

–Yo la cortejaré, me la llevaré al desierto, le hablaré al corazón. Y me responderá allí como en los días de su juventud, como el día en que la saqué de Egipto.

Me casaré contigo en matrimonio perpetuo; me casaré contigo en derecho y justicia, en misericordia y compasión; me casaré contigo en fidelidad, y te penetrarás del Señor.

Oseas 2,14b.15b.19-20

Venía desde el Líbano con una túnica de lino blanco y un hilito azul de lana que recorría todos sus bordes y que su madre le había bordado. La cabeza sin cubrir, solo con una corona de pequeñas flores blancas sobre sus sienes. La cintura ceñida. Llamaba desde aquellos desiertos a su novia. Sus labios, mejores que el vino, pronunciaban un nombre propio. Había salido al amanecer de su tienda, alegre de su tálamo, a recorrer el camino como un héroe, aunque era un pastor trashumante. Llevaba entre sus hombros un hato con un traje para cubrir de salvación y justicia a su amada que, desnuda, lo buscaba.

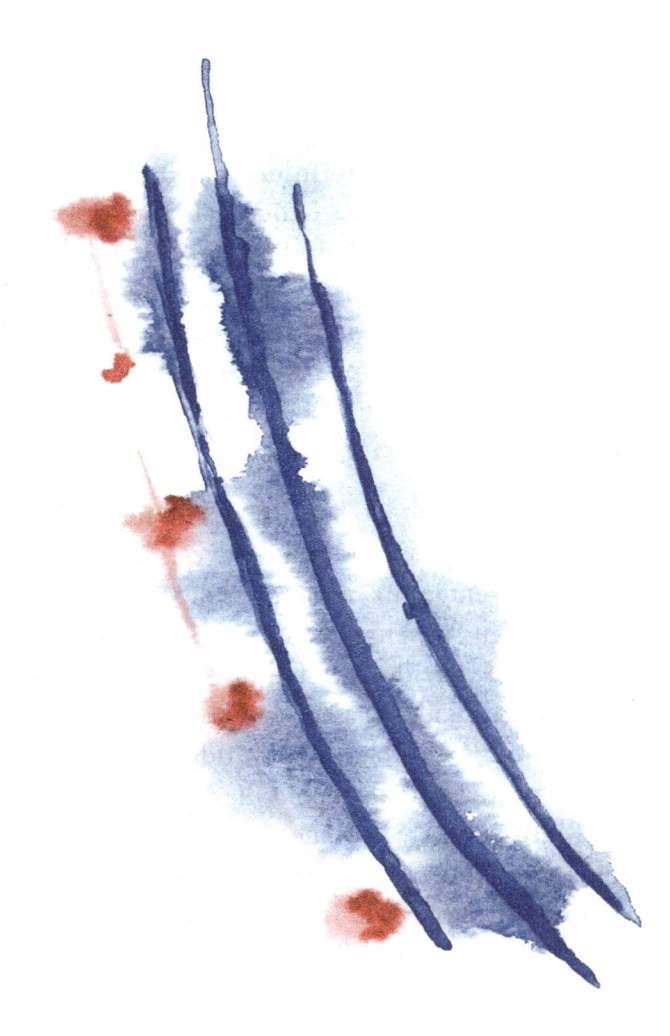

Su voz rebotaba contra las peñas intentado encontrar salida desde aquel páramo hasta los oídos de aquella que lo esperaba. Ella, en la brisa suave que acariciaba su rostro, creía escucharlo, olfateaba sus perfumes casi imperceptibles en los austros. Desde que había partido el novio, y su voz se había hecho lejana, solo escuchaba el sonido de las piedras de molino al triturar el trigo. Solo veía la luz de la lámpara de aceite, ya no contemplaba el resplandor de las luminarias de las pupilas de aquel hombre encendido acostumbrado a desiertos.

Ella había probado sus amores. Si nunca los hubiera conocido no se hubiera vestido de luto tras su ausencia, ni hubiera vuelto a él una y otra vez con su pensamiento y sus ojos húmedos. Hubiera vivido entretenida entre las flores y oficios de su aldea, alegre en la siembra y satisfecha en la cosecha, celebrando los novilunios y fiestas que al pueblo alegraban. Ahora ni el luto cubría ya su cuerpo. Tras probar de aquel vino nuevo ya no pudo conformarse con cualquier caldo. En su interior seguía ardiendo el rescoldo y la posibilidad de un amor puesto a prueba que acrisolaba su alma, el regreso de aquel hombre que un día le había susurrado "tú eres mía".

Ella había conocido su pecho. Era un valle por el que bajaba todo un ganado trashumante hacia las cálidas tierras del Sur. Ahora solo recordaba el tacto de sus dedos acariciando el pecho del novio y lo ensortijado de su vello. Las huellas de los dedos tienen también una extraña capacidad para recordar lo que han tocado. Recordando, había vuelto a la realidad, su ausencia, con ella había transitado por una tristeza aguda y angustiosa, esa que siempre amenaza en ocasiones al amor.

El día en que el novio le reveló al oído su propio nombre se estremeció. Un sonido de unas letras que al pronunciarlas hacía brotar su aliento caliente como un río que brota de la Roca del Horeb. Brotó el agua en Meribá, cuando el pueblo de Israel puso a prueba a su Señor con un corazón endurecido. Ahora libremente lo pronunciaba como un regalo más sobre su prometida, agua abundante para su resequida garganta.

Escuchar su nombre construido por aquellos labios que dejaban escapar su *ruah* (aliento), la había llenado de vida, como si floreciera por dentro tras un invierno que había durado años. Sentir la voz del amado le daba identidad, la ponía en pie.

Había estado mucho tiempo postrada, buscando y mendigando amores que o no llegaban o la dejaban sedienta y dolorida, por eso cuando aquel pastor la encontró parecía un telar tirado en la estepa, un artilugio atado del que nadie se había preocupado de cuidar. Era un ovillo de pedales, peines, bobinas y tejidos enmarañados. Solo la lanzadera se había quedado a un lado, como si estuviera dispuesta a recorrer y entrecruzarse entre la trama y la urdimbre de la prenda, una esperanza última de remendar la vida. La que tanto había tejido, permanecía ahora desnuda, un alivio de luto hecho de su propia carne.

En los afanes por encontrarla había dejado su ganado, solo conservaba el cayado de pastor que su padre, artesano de la madera, le había regalado con doce años en la celebración de Bar Mitzvah, cuando pudo al fin leer la Escritura en la sinagoga de su aldea y ser considerado adulto. Un año después tendría la obligación de observar los seiscientos trece *mitzvot*, mandamientos de la Ley que educaban a los jóvenes y luego los aplastaban de adultos con su peso.

En su camino de enamorado, recorriendo los desiertos, venía con las muñecas sangrantes, con los pies abiertos por el hierro, y a su paso dejaba un rastro escarlata en los tomillos y espliegos fecundando la tierra; flores de sangre en primavera tras aquel largo invierno de ausencias. La sangre que aún le quedaba, tras rociarla por aquellas plantas aromáticas, la derramaría en un árbol.

Venía con los pies descalzos, cubiertos del polvo del camino. Siempre le gustó sentir el suelo bajo sus plantas y recorrer senderos donde las gentes salen al encuentro a quejarse de la vida y de los agujeros de sus existencias. El siempre quiso zurcirlos con sus dedos, abriendo oídos y ojos, enderezando huesos o sacando el mal de los cuerpos frágiles.

En su túnica había una mancha oscura pegada a la carne del costado. La sangre vertida por su lateral se había adherido al tejido, consiguiendo así taponar la oquedad. La herida solo volvería a ser abierta cuando su amada lo desnudase y le despegara la túnica que parecía haberse convertido en piel.

Al cuello llevaba colgada desde niño una bolsita de mirra, ofrecida al nacer, para recordar quién era. El oro lo había regalado a diez leprosos, tan solo uno fue agradecido. El incienso se había pegado a las comisuras de su piel y rincones de su cuerpo, exhalando así su perfume, el que su amada a veces distinguía en los vientos.

Para expandir su fragancia sería quemado en un altar sobre un monte pelado; tres horas de sacrificio y fuego, suficientes para que su aroma llegase a todo rincón de la tierra, al mismo cielo.

Durante años se había sentido abandonada, yerma, la tierra que ella misma era. Baldía, sin hombres que le excavaran los surcos, terreno donde no se plantaba, no se regaba y no se recogía fruto... un campo olvidado. Con todo, siempre brotaba hierba, alguna pequeña flor espontánea que le alegraba por su novedad. Por eso cuando aquel pastor moreno de cabello oscuro puso a pastar el ganado en su tierra, ella se convirtió en aprisco. Por eso, cuando aquel pastor moreno la miró, ella se zambulló en el agua de sus ojos oscuros.

Él roturó su tierra, plantó una viña, la entrecavó y quitó las piedras hirientes. Solo conservó algunas de esas flores silvestres en un rincón donde acostumbraba a tumbarse en las horas de calor bajo una higuera. Los rayos del sol penetraban en el mar de hojas por donde se colaban e iluminaban el vello de sus brazos, lo ensortijado de sus piernas.

En medio construyó una torre y cavó un lagar. No le quedó nada por hacer; ni por su viña ni por ella. La sedujo, se dejó seducir, la pudo y la convirtió en amada.

Ella recordaba su ausencia, aquel día de tormenta y oscuros nubarrones en el que perdió su ganado y él se fue a buscarlo, dejándola sola con su duelo. El novio marchó a toda prisa, no lo pudo retener ni apropiarse de aquel pastor. Le había enrunado el vientre de promesas para que las gestara y pariera el corazón: una corona nueva hecha de yedra y jazmín, un nombre nuevo que le revelaría a su vuelta; la elección como preferida y muy amada y la alegría de ser desposada para siempre y penetrada por su amor.

Su descendencia sería más innumerable que las estrellas del cielo, que los granos de arena de una playa. Todos habitarían en su tienda, donde antes del invierno se encontraban. Él le pidió ensancharla, desplegar los toldos de su morada, alargar las cuerdas, afianzar las estacas.

Desde entonces ella lo esperaba desnuda, aguardando cada mañana su regreso para echarse a su cuello y oler allí su perfume mientras lo cubría de besos. Buscaba entre sus sábanas al amor de su alma y no lo hallaba. Recorría las plazas, saltaba las tapias, oteaba en las colinas y solo lo percibía en el viento.

Cuando pasó el invierno, un día en que aún estaba oscuro, el novio regresó. Ella de un salto se echó en sus brazos para sentirlo y amarlo. Las lluvias se habían alejado, florecido los campos, la primavera había llegado. La tórtola arrullaba y verdeaba nuevamente la higuera. Las cepas perfumaban.

Él quería ver su figura, sentir el calor de su piel, escuchar su voz y vendar sus heridas. Por un instante la había abandonado, a ella le habían parecido cien inviernos, con amor eterno la amaba, ya no era una tierra abandonada.

Ella cubrió la cabeza del novio con un paño tejido en su telar. En una esquina había bordado su nombre en letras rojas: "Yeshúa". Él cubrió su desnudez con mil besos en todo su cuerpo y con la túnica de novia que traía desde el desierto, plegada en su hato. En uno de los pliegues había escrito su nombre: "Nephes" (alma).

3

Oficio de tinieblas

Todavía estaba hablando cuando se presentó Judas, uno de los Doce, y con él gente armada de espadas y palos, enviada por los sumos sacerdotes, los letrados y los senadores. El traidor les había dado una contraseña: Al que yo bese, ese es; arrestadlo y conducidlo con cuidado. Enseguida, acercándose a Jesús, le dijo:

–¡Maestro!

Y le dio un beso.

Los otros se le tiraron encima y lo arrestaron. Uno de los presentes desenvainó la espada y de un tajo cortó una oreja al criado del sumo sacerdote.

Jesús se dirigió a ellos:

–Habéis salido armados de espadas y palos para capturarme como si se tratara de un asaltante. Diariamente estaba con vosotros enseñando en el templo y no me arrestasteis. Pero se ha de cumplir la Escritura.

Y todos lo abandonaron y huyeron.

Le seguía, también, un muchacho cubierto solo por una sábana. Lo agarraron; pero él, soltando la sábana, se les escapó desnudo.

Marcos 14,43-52

Repetido desde antiguo en la liturgia monástica, el Oficio de tinieblas consistía en una celebración en la que se recitaban distintos salmos en la oscuridad de la noche previa a los días en los que se conmemoraba la pasión y muerte de Yeshúa.

Presidía el recinto sacro un tenebrario, candelabro en forma piramidal compuesto de trece o quince velas. Cada cirio representaba uno de los apóstoles, las tres Marías en algunas ocasiones y a la propia madre de Jesús, cuya vela era la más destacada del conjunto. A medida que se iban proclamando los distintos salmos se iban apagando las luces del tenebrario una tras otra aumentando las tinieblas y recordando a aquellos amigos que la noche de la pasión fueron abandonando al maestro una vez arrestado. Solo una vela permanecería encendida, pero esta se transportaría a la parte trasera del altar mientras se entonaba el Miserere (salmo 50). Finalizaba el rito con un estrépito de golpes que los monjes producían golpeando el suelo o un libro contra el sitial del coro. El templo permanecería en tinieblas hasta que un canto de campanas anunciara tres días después, también en mitad de la noche, el aliento recuperado de un muerto que había conocido la rigidez de un madero y la frialdad de una losa de piedra.

Yehudah (Judas) fue el primero en apagar aquella vela del tenebrario, el primero en espirar. Un soplo revestido de rabia y de tristeza que inauguró la traición más famosa de la historia. Quiso acomodar sus deseos y expectativas sobre Yeshúa, quiso apropiarse y reducir a unos esquemas de poder terreno a aquel hombre totalmente libre. Asustado y temeroso de tanta libertad, pues a pesar de todo le daba miedo el vivir, encabezó el plan que llevó a maniatar al nazareno. Unas cuerdas que horas después ajustaría a su garganta para que así no volviera nunca más a soplar ni apagar velas.

Natural de Queirot, tierra de Judá, desencadenó el plan siniestro para que el justo colgara de un madero y él de otro. Dos hombres colgados en un árbol en la ciudad santa donde abundaban los bosques de crucificados, antiguos montes llenos de muerte.

Yehudah tomó ejemplo de Ahitofel, el impío consejero del rey David, también traidor, que, tras aparejar su asno, levantarse e irse a su ciudad, puso en orden su casa para luego ahorcarse.

Apagado el primero de los cirios, llevada a cabo la primera acción, lo que vino después fue un movimiento fácil, un viento frío en mitad de la noche primaveral de la libertad que fue apagando los ideales más nobles de los amigos y discípulos de Yeshúa.

El segundo cirio del tenebrario fue apagado por Kefas (Pedro). El que había sido llamado con el mismo nombre de la piedra, lugar donde apoyarse, construir y asentar, ahora se había convertido en piedra donde tropezar y caer.

Por tres veces negó, tres puñales de plata, pequeños, entrando en su cuerpo, que comenzaron a desangrarlo por los ojos mientras lloraba amargamente cuando su mirada se cruzó con la de Yeshúa.

Casi ni percibió la primera vez que negó a Yeshúa. Fue espontanea su respuesta, como la de un niño que se defiende ante una acusación de la que quiere salir indemne. Una negación rápida, como aquella piedra veloz que David lanzó al filisteo incrustándola en su frente. Kefas la sintió en sus pulmones, su abertura dejó escapar el aire que apagó el segundo de los cirios. La siguiente puñalada, queriendo mantener en pie su mentira, fue en el hígado donde se le concentró la rabia, nutrida por el agobio sumarísimo de los que lo acusaban frío mientras se calentaban en el fuego. La tercera en el estómago, que se le cerró para poder ayunar hasta que el tercer día vio el sepulcro abierto.

Cuando Yeshúa, ante la pregunta de Caifás, Sumo Sacerdote, de si era el masiah esperado, afirmaba un Yo Soy, Kefas por su parte negaba al nazareno defendiéndose aterrorizado y clavando ante sus ojos de agua un "no soy". Fue como un soplo. Un viento que apagaba la luz que tanta vida le había dado desde que conoció a su maestro al que tanto quería.

Mientras el pábilo del cirio de Kefas aún humeaba tras apagarlo con aquel soplido producido por el aire escapado de su pulmón apuñalado, su hermano Andras (Andrés), el valeroso, apagó el suyo con los dedos pulgar e índice. No se quemó. Tras el arresto del nazareno no sentía dolor, no más que el producido al ver caer al maestro tras el segundo golpe en la mejilla. El primero se lo había dado Judas con un beso, más doloroso que el segundo, le había dejado un hematoma de muerte que comenzaba a extenderse por todo su cuerpo de pan.

Discípulo de Yôhānnān (Juan) el bautista, decidió seguir a Yeshúa por tener fama de patrón de barca. Iniciado en el oficio por Jonáh (Jonás), su padre, quiso perfeccionarse en el arte de la pesca con aquel que conocía las aguas y las orillas del Lago de Tiberíades, y las orillas de las personas. Cuando se hizo pescador de hombres, tuvo que aprender a echar las redes de una forma nueva, por la derecha, también tuvo que agrandarlas para que en ellas cupieran ciento cincuenta y tres peces-hombre. Con gusto las hubiera lanzado contra la guardia del Templo aquella noche de amor y entrega, de traiciones y prisas, los hubiera hundido hasta el fondo… no tuvo valor. En vez de lanzarlas prefirió huir entre olivos como pudo, pues siempre se manejó mejor en el agua que en la tierra.

Yaacob (Santiago) al ver la traición lanzó un grito que pareció un trueno (Boanerges). El primero de los truenos y temblores que se despertaron aquellas jornadas en las que la tierra y el cielo se removieron.

Aquel alarido lo dejó mudo por tres jornadas hasta que sus labios pronunciaron el nombre de "Yeshúa", el primer día de la semana, cuando el nazareno se levantó de la muerte.

Muchos mudos perdían el habla ante su falta de fe, la recuperaban algún tiempo después al pronunciar un nombre escogido por Yahvéh.

Recuperó el habla Zakhariah (Zacarías) al anunciarle un ángel su próxima paternidad ya en la vejez y dudar de aquel anuncio. Enmudeció nueve meses y ocho días, más de una gestación, hasta que su lengua se desatase y pronunciara el nombre de su hijo, Yohhannan, que al mismo tiempo lloraba al ser circuncidado y quedar su carne marcada por la señal que todos los hijos de Israel portaban desde Abraham.

La voz relampagueante de Yacob comenzó a formar en el cielo unas nubes negras que cubrirían el cielo al día siguiente hacia el mediodía. La luna llena de Pascua que iluminaba los olivos y el rostro ensangrentado del novio comenzó a oscurecerse en ese mismo momento tras su huida.

Taom (Tomás), el gemelo, se quedó paralizado ante lo que contemplaban sus ojos. No terminaba de creerlo, solo la voz de Yehudah Tadeo y un empujón, que a punto estuvo de precipitarlo al suelo de aquel huerto cuajado de olivos, le hizo regresar de su ensoñación. Se había quedado frío, como la tierra de aquellos campos cuando venía la noche. Su cuerpo solo recuperó la temperatura cuando unos días después introdujo su dedo en las muñecas desgarradas de Yeshúa, una carne abierta, sangrante y cálida. Cuando introdujo su mano en el primer costado abierto de un vivo, recuperó la temperatura de su cuerpo que había permanecido como muerto tres días y ocho más, once jornadas de prórroga hasta confesar al maestro como su Señor y su Dios. Hasta entonces, Tadeo y él apagaron dos de las luces de aquel tenebrario.

Natanael, Bar Talmey, (Bartolomé) el hijo de Ptolomeo era experto en injertarse en algunos árboles. Injertado estaba en una higuera cuando Yeshúa lo vio cobijado bajo su sombra y lo reconoció como un hombre en quien no había engaño, pero en aquellas horas el pequeño brote guardó silencio ante las turbas.

Aquella noche de Pascua cuando vio aparecer las luces de los faroles de la guardia aprovechó para esconderse injertado en un olivo. Fundido junto a Filipos (Felipe) se convirtieron unidos a ese tronco retorcido en esquejes de miedo. Ellos no soplaron ningún cirio del tenebrario, sencillamente dejaron pasar el tiempo y que las muchedumbres se marcharan con el amor hecho hombre maniatado y golpeado. Se sentían los hombres más solos del mundo y ambos cirios se fueron consumiendo hasta su inanición por falta de cera y la consecuente llegada de la oscuridad que los invadió.

Aquella noche que había empezado con una cena que recreaba y enamoraba se fue tornando en una noche de confusiones. Algunos decían que el joven desnudo cubierto con una sábana era el joven Yohhannan (Juan), revestido por el amor de Yeshúa que siempre lo miró con un cariño especial. Aquella noche pareció que tras la captura de su Señor se quedó completamente desnudo, sin amor, ayunando del esposo y huyendo. Otros, en cambio, afirmaban que aquel muchacho recibía el nombre de Marcos; fue una noche de confusiones. También se confundieron aquellos que intentaron construir Babel, desafiando a Adonay, y se confundieron Adán y Eva, y se confundió Caín, su hijo, y la humanidad se confundió generación tras generación; y, tras la confusión, Yahvéh siempre intentó rescatar y proteger a sus criaturas taciturnas y confusas. Dios siempre tuvo la última palabra tras la confusión y a todos regaló una túnica de piel, o una marca en la frente para protegerles de asesinos, o un arcoíris de bonanza y esperanza, o la promesa de una descendencia incontable. Siempre la última palabra fue la de él, aunque algunos profesionales de lo sagrado gozarán en la insistencia del fallo y el pecado como si este tuviera la última palabra sobre la humanidad.

Yohhannan había recostado durante la cena su cabeza en el pecho de Yeshúa, pudo oír su corazón palpitar rápido, bombear una sangre que en pocas horas se iría enfriando; los últimos latidos de aquel corazón misterioso que ninguno terminaba de conocer completamente. Por eso el muchacho solo quiso revestirse aquella velada con la prenda de ese amor, un lienzo de intimidad amorosa, nada más. Con esa prenda marcho a Getsemaní, y tras el arresto también él quedo desnudo.

Cuando echaron mano a Yeshúa, huyó, lo hizo sin ropa, allí se quedó la prenda del amor, ya no le quedaba nada y ni siquiera veía su desnudez. Tampoco la veían Adán y Eva hasta que tras probar el fruto de aquel árbol engañoso y apetecible plantado en medio de Edén se les abrieron los ojos.

Aquella noche en la que pensaron acabar con Yeshúa se apropiaron de él como quien se apropia de una mortaja; creyendo que podrían acabar con él lo estrujaron entre sus falanges. Solo se quedaron con la síndone apresada entre las manos, pues tres días después Yeshúa volvería a revestirse con una blancura desconocida y nueva.

La prenda que cubría la desnudez de Yohhannan fue arrojada por un guardia sobre uno de aquellos cirios del tenebrario y lo apagó.

Cada una de las luces de aquel candelabro de madera se fueron consumiendo, una a una. A medida que disminuía la luz, aumentaba la oscuridad. Se apagó Mattathia (Mateo), Shimon (Simón) el Zelote, Yaakob (Santiago), el hijo de Alfeo, y se apagó la luz de las mujeres que seguían a Yeshúa mientras todos erraban y lo abandonaban con su angustia y su fe en su Abbá, que guardaba silencio.

Si cada hombre o mujer aquella noche hubiera sostenido una lámpara encendida, también la habría apagado para no ser visto, pues todos prefirieron las tinieblas a la luz. Todos habrían apagado su lucerna, convirtiendo aquella noche del "Paso de Yahvéh" en la noche más oscura de la historia, a pesar de la luz que proyectaba aquella lumbrera menor, luna llena que a esa hora ya estaba completamente eclipsada por una columna de nube tras el grito de Boanerges.

Tras la huida de todos los hombres y mujeres de la historia, reunidos aquella noche en que abandonamos a Yeshúa, apagado el tenebrario y recitados los últimos salmos, el Oficio de tinieblas concluyó.

Uno de los monjes tomó aquel y último cirio encendido, la fe de una mujer, y lo colocó detrás del altar. Quedaría encendido como único testigo de aquella noche de suspiros y soplidos. Bastaría esa llama frágil para volver a encender todas las luces de la tierra y que esta ardiera.

4

La noche

Por aquel tiempo subió a una montaña a orar y se pasó la noche orando a Dios. Cuando se hizo de día, llamó a los discípulos, eligió entre ellos a doce y los llamó apóstoles: Simón, a quien llamó Pedro; Andrés, su hermano; Santiago y Juan; Felipe y Bartolomé; Mateo y Tomás; Santiago hijo de Alfeo y Simón el zelota; Judas hijo de Santiago y Judas Iscariote, el traidor.

Bajó con ellos y se detuvo en un llano, donde había un gran número de discípulos y un gran gentío del pueblo, venidos de toda Judea, de Jerusalén, de la costa de Tiro y Sidón, para escucharlo y sanarse de sus enfermedades. Los que estaban atormentados por espíritus inmundos quedaban sanos, y toda la gente intentaba tocarlo, porque salía de él una fuerza que sanaba a todos.

Lucas 6,12-17

La noche siempre fue caprichosa desde que Adonai creara las lumbreras que la adornan.

Dulce en los estíos, cómplice de besos furtivos, facilitadora en revelar secretos y destapar

verdades que el corazón guarda, gustosa de cantos y vino, amante de sueños, de anhelos y de esperanzas fugaces, como las estrellas que bailan en el cielo.

La noche se volvía implacable en los inviernos, calladamente fría, heladora, testigo de la brutalidad de los hombres, silenciosa y encubridora de delitos y murmullos, de traiciones... siempre fue caprichosa.

Yeshúa amaba la noche. Acostumbraba a mecerse en ella cuando buscaba un lugar solitario para encontrarse con su Abbá, y allí se le derramaba el corazón delante de él, y le expresaba su amor y sus miedos y sus deseos más íntimos, y acomodaba su corazón al suyo, y le preguntaba qué quería, y le susurraba que lo anhelaba y que amaba su voluntad...intimidades en mitad de las vigilias.

Se precipitaba la noche y Yeshúa contempló la primera estrella brillar.

Ninguna escala descendía desde el firmamento, ni subían ni bajaban ángeles por ella como le ocurrió a Jacob. El cielo estaba misteriosamente distante del nazareno y a la vez cercano y muy íntimo, como en el interior de su pecho. ¿Puede todo un cielo caber en un corazón de hombre? ¿Pueden unas paredes de carne contener toda una inmensidad? No había escaleras que subieran al cielo.

No había columnas de fuego que iluminaran la oscuridad para guiar al pueblo de Israel como antiguamente, aquellas que servían para atravesar las ardientes arenas del desierto durante el día y que luego se tornaban frías. Los granos de arena, llevados por el viento, se colaban por los rincones del cuerpo y en los ojos de los expulsados de Egipto. Algunos quedaban ciegos por la abrasión en el contacto con sus órbitas, otros, por su falta de fe.

No había ningún judío en aquel momento celebrando el Pesaj (Pascua). No iban afanados con preparativos, ni corderos, ni hierbas amargas, ni vino, ni matzá (pan de la Pascua), ni vajillas. Tampoco se escuchaban oraciones que llevarse a los labios.

El crepúsculo era tranquilo, como un poco de agua vertida; por eso no se veían plagas exterminadoras que amenazaran la vida. Yeshúa agudizó el oído, nadie pronunciaba su nombre, como le ocurrió a Shemuel (Samuel) que lo llamaron en mitad de la noche por tres veces; una insistencia que le llevó a decir "aquí estoy, Señor".

Nadie pronunciaba su nombre. Silencio, solo el silencio y la oscuridad que comenzaba a revestir los árboles, la tierra y el mismo cielo.

Cuando a Yona (Jonás) se lo tragó un gran pez se le hizo de noche, tres días de oscuridad. Queriendo buscar su propia luz, lejos de Yahvéh y lo que este le pedía, experimentó tres jornadas a oscuras en el interior del vientre de un cetáceo, cuando echándolo a suertes lo arrojaron desde una nave al mar rumbo a Tarsis.

Los que llamados por Adonai se encaminaban en dirección contraria a su Palabra siempre acabaron tragados por monstruos marinos, siempre se les hizo de noche, hasta que arrepentidos volvían a él con súplicas en los labios. Su creador siempre se arrepentía y devolvía a la luz, un amanecer esperado, y un Dios que podía cambiar de opinión si se enternecía.

La madre de Yeshúa le contaba historias junto al fuego; a ella se le empapaba la boca con sus ancestros y con su nacimiento, una noche en la que los astros brillaron con mayor intensidad y los prodigios se multiplicaban a pie de pesebre y cantos de ángeles y de pastores. Su nacimiento fue el mayor de ellos: el respirar la vida y probar el calostro y la leche materna. Habían pasado muchos años desde entonces.

Su padre, Yosef, era de profesión soñador. Adonai, en ocasiones, utilizaba los sueños como lengua profunda para revelar secretos, como ya había hecho con otro Yosef, aquel que los interpretaba junto al oído del faraón. Por saber interpretarlos le ganaron la libertad, la fama y el recuperar a su propia familia; una descendencia bendecida y posteriormente esclavizada, liberada y andariega de desiertos.

En sus ratos libres de soñador, Yosef tenía destreza con la madera. En su banco de carpintero, que Yeshúa había heredado, tenía un pequeño cajón lleno de virutas y sueños. Algunos eran arriesgados, donde se le invitaba a dar un paso más y confiar, otros, dulces, y algunos eran pesadillas de sepulcros cerrados durante tres días cuyas oquedades observaban a un muerto sin embalsamar por falta de tiempo ante la inminencia del Sabath, (sábado, día de descanso consagrado a Yahvéh). Había en Israel una especial inclinación a enterrar a algunos muertos en una cueva, como ya hicieran con los cuerpos de los fundadores del pueblo escogido: Abraham, su mujer Sara, su hijo Isaac, su nieto Jacob, todos enterrados en cuevas, pero debidamente bañados sus cuerpos, perfumados y amortajados. Sueños en mitad de la noche, y a toda prisa...

Algunos seguidores de Yeshúa, en secreto, aprovechaban la noche para buscarlo y hablar con él, furtivos, deseosos y temerosos de poder mirarlo a los ojos y obtener un poco de luz.

Cuando Naqdêmôn (Nicodemo), el fariseo, fue a hablar con él en mitad de la noche, Yeshúa le indujo un parto; este iba a pedir consejo como un niño a su maestro, aquel lo ayudó como una matrona a nacer de nuevo. Nicodemo fue uno de los pocos hombres que nació dos veces: la primera de la carne y de la sangre, la segunda de la Ruáh (Espíritu). Con su segundo nacimiento, Nicodemo se liberó de la Ley, ganó en libertad, aunque le aterrara ser libre.

La noche imprimía terrores, algunos creían ver fantasmas andando sobre el lago y tempestades que hundían barcas y posteriormente se calmaban ante la fuerza de algunas palabras.

Cuando el miedo atenazaba a los hombres en la noche, este se concentraba en un punto de la nuca, como si alguien les pellizcase y produjera, a continuación, un escalofrío por todo el cuerpo. En ese momento la imaginación echaba a volar para infundir fantasías terroríficas. Bastaba encender una lámpara para que estos se hicieran menos amenazantes y que los objetos cotidianos recuperasen sus formas y tonalidades originales.

Un poco de luz en la noche para ver mejor, una espera en vela, como aquellas diez vírgenes esperadoras del novio. Solo cinco de ellas fueron prudentes y prepararon sus alcuzas con aceite de sobra por si el esposo tardaba. Algunas se guardaban aceite suficiente para toda una vida, por si este llegaba al final. Las que todavía tenían sus lámparas encendidas pudieron disfrutar, cuando al fin llegó, de su presencia y de su casa, y de la intimidad a puerta cerrada cuando todo se da y se derrama y se celebra la boda, y la noche de bodas y todo es derroche y sobreabundancia. Esas noches sabían a mil años.

A Adonai también le gustaba la noche, le parecía el momento perfecto para salir al encuentro del hombre y la mujer, como si la noche fuera un tiempo de especial sensibilidad y salvación. Así había ocurrido con su pueblo y de una forma misteriosa parecía repetirse en la vida de Yeshúa. La noche era el tiempo de las promesas, y de las visitas inesperadas, y de la libertad.

La noche era también aprovechada por los traidores para besar; aprovechada para dejarse apresar, para hacer brillar las antorchas y sacar palos amenazantes, cuando los guardias detenían a inocentes y culpables; cuando las tinieblas se empoderaban y era su hora. En este momento, Yeshúa abrió los ojos, volvió a mirar la estrella. Solo había sido un segundo, un latido de corazón que parecía haber recorrido miles de años, desde el mismo momento de la creación.

La primera estrella seguía en el mismo lugar, brillante como un testigo que dice la verdad y no duda. Él solo quería derramar su corazón en el silencio de aquella vela y a solas con su abbá.

Yeshúa cubrió su cabeza con un manto y comenzó a orar. La dulzura impregnaba el aire sostenido. Los grillos cantaban, y el agua de un riachuelo susurraba un salmo. Todavía estaba contemplando la primera estrella; se acordó de Abraham y sus promesas. Sonrió. Caía la noche.

5

La puerta

Mira, estoy de pie a la puerta y llamo. Si alguien escucha mi voz y abre la puerta, entraré en su casa y cenaré con él y él conmigo. Al vencedor le concederé sentarse conmigo en mi trono, como yo he vencido y me he sentado con mi Padre en su trono. El que tenga oídos, oiga lo que el Espíritu dice a las iglesias.

Apocalipsis 3,20-22

Aquella puerta vieja era de madera, solo conservaba algunos restos de pintura devorados por el sol, solo la belleza del leño en su simplicidad. En un extremo aún se percibía cómo había sido grabada en otros tiempos sobre la propia madera la letra hebrea Shin (ש). Era la primera letra de la palabra Shaddai (guardián de las puertas de Israel). Así llamaban algunos a Dios antes de que este revelase su nombre a Moshé (Moisés), ante aquella zarza del corazón prendido en llamas que nunca se extinguía.

Por sus agujeros salía la luz anaranjada y cálida de un hogar habitado y un fuego encendido. La puerta separaba la intimidad de una vida de lo que ocurría en el exterior. Allí se sentía seguridad.

La mesa estaba preparada para la cena. Cada noche se repetía el mismo ritual: extender aquel mantel de hilo blanco, pasar las manos por encima de él llevando las arrugas de la tela hasta hacerlas desaparecer en sus extremos. Algunas arrugas y pliegues caían al suelo de baldosas de barro cocido, otras se iban volando por los huecos de aquellas tablas que formaban la puerta.

Colocar los platos de loza blanca, a su lado unas servilletas de hilo con unas iniciales bordadas en rojo, los vasos, unas flores en el medio cuyo aroma impregnaba toda la estancia. A pesar de vivir él solo en aquella casa siempre preparaba mesa para dos, como si cada noche fuera Pascua, cuando tradicionalmente se dejaba una silla de más, vacía por si de repente se presentaba el profeta Eliy-yah (Elías), quien se esperaba apareciera trayendo noticias del masiah (Mesías). Preparaba lugar para dos como si desde siempre estuviera aguardando su llegada.

Él, enrunado en mil quehaceres y en sus propias ideas no escuchó que llamaban a la puerta, ni vio tras los agujeros los nudillos de aquella figura golpear con suavidad varias veces.

En un resquicio de tiempo entre pensamiento y pensamiento, cuando bajó la guardia, percibió la presencia de alguien que llamaba con insistencia. Sucede durante esas grietas de la vida, en el entretiempo de los quehaceres y de los pensamientos, cuando en ocasiones se cuelan encuentros maravillosos.

Aquel dueño se asomó por uno de aquellos agujeros y lo reconoció. Estaba pasando la noche al raso, apoyado con todo su cuerpo en la puerta, con la frente tocando la propia madera, introducía los dedos por la cerradura. El dueño apoyó también su cuerpo junto a la cancela. Ambos estaban uno junto al otro, separados tan solo por aquella puerta a la que había estado llamando parecía durante bastante tiempo.

Apoyados recordaban, aún sin conocerse, lo que había sido la vida de ambos, lo significativo de su presencia en la existencia del otro. Los alientos se colaban por los huecos de la puerta, olían a granado y salvia, ambos los respiraban.

Aquel visitante había apoyado su mano en una jamba de la entrada, se quedó marcada con un rastro de sangre. Parecía aquella marca que los israelitas hicieron la noche de su libertad con la sangre del cordero. Un signo en una puerta para que no entrara la muerte; una marca en la puerta signo de libertad, de promesa cumplida, de elección, de heredar una tierra y perpetuarse en una descendencia innumerable.

Volvió a llamar. En ese llamar, en ese golpear los nudillos contra la madera se percibía la costumbre de hacerlo. Como si aquel extraño visitante en mitad de la noche estuviera acostumbrado a llamar en cada casa, mendigando amores, deseando que alguien le quisiera abrir para poder entrar. Parecía que había escogido ese puesto, un último puesto pendiente de quien quisiera abrirle desde la más precaria mendicidad. Había escogido ese puesto para que nadie se lo pudiera quitar: su oficio era llamador de puertas.

A lo largo de su vida se había encontrado muchas puertas cerradas. En ocasiones las cerraduras oxidadas se habían vuelto romas. Otras veces permanecían cerradas por falta de interés. ¿A quién podría interesar encontrarse con un llamador de puertas? Otras veces no se abrieron por miedo. En mitad de la noche era inseguro y peligroso, a pesar de que las mitzvot judías (mandamientos), desde Abraham, insistieran en la importancia de acoger al forastero cuando aquellos extraños viajeros que pasaban junto a la puerta de su tienda fueron invitados por este y su mujer a comer y reposar bajo la sombra de la encina de Mambré, a medio camino entre Halhul y Hebrón.

Aquellos tres forasteros comieron unas tortas de flor de harina, ternera guisada, cuajada y leche, y a pesar de ser tres, Abraham les hablaba en singular, como si uno solo tuviera delante. Prometieron volver, con la promesa pronunciada de que aquellos ancianos tendrían descendencia; una promesa de vida y una infertilidad de desiertos florecida. Por eso cuando alguien llamaba a una puerta, se abría de inmediato, buscando la jesed (bondad) y la posibilidad de hacer florecer las esterilidades.

Abrió la puerta y vio al forastero de pie, sonriendo lastimero, llevaba el pelo cuajado de rocío, los brazos caídos y los dedos entrelazados. Cuando vio su presencia y su figura y le saludó, llamándolo por su nombre, se llenó de vida y florecieron las infertilidades interiores de aquel habitante de hogares. Antes de entrar en la casa, el forastero tocó la mezuzá clavada en la jamba derecha de la puerta. En ella, enrollada en un pergamino, estaba escrita la oración del Shemá Israel. Todo judío la acariciaba al entrar y salir de las casas. En ella también estaba escrito el nombre de Dios: Shadai (el que cuida las puertas de Israel). Aquel forastero también parecía que cuidara de su puerta aquella dulce y sosegada noche.

Las montañas se percibían un poco azuladas y los valles se habían tornado silenciosos, un silencio sonoro, como si el amor se moviera como un austro jugueteando entre cipreses y olivos y se pudiera percibir a través de los sentidos. Entró en la casa y se quedó con él.

Pudieron cenar, cara a cara, uno frente al otro, compartir la vida, sus sueños y sus secretos y en esa intimidad se recreaban. Sin conocerse se conocían, habían vivido sus respectivas ausencias con esperanza y con ansia dolorida, como el que espera de la vida un "algo más". La noche y la soledad se habían colmado de presencia que todo lo llenaba, que todo lo calmaba.

El forastero parecía concentrar todo en sí mismo. La constante actividad del dueño del hogar se pausaba y aquietaba contemplando al llamador de puertas. Este por su parte había recorrido lejanos países, entrando en aquellas casas que le abrían para quedarse. En algunas compartía el desayuno o la mañana, en otras la comida o la tarde reposada. Solo en algunas pasaba la noche mientras las estrellas eran testigos. Era un mendigo de puertas, unos nudillos desgastados de tanto rozar la madera al golpear en cada llamada.

Tras la cena, el dueño de la casa recostó su cabeza en el pecho del forastero, en voz baja hablaba a su corazón que aceleró el pulso. Era un corazón vivo, rápido, palpitante y lleno de vida; le susurraba palabras hebreas, como si aquel órgano vital le escuchase y le respondiese. Reclinado junto a él las ausencias se colmaban, el hogar solitario se habitaba, el mal se redimía, las heridas se sanaban, y el amor se desplegaba.

La noche conllevaba desnudez, una desnudez en las que se quitaban los paños con los que se adornaban. Paños de justificaciones, de excusas y buenas razones, de zonas seguras y justificaciones racionales, la desnudez de lo innecesario frente a la belleza de la verdad. Se hablaban y miraban con verdad, sin miedo y sin vergüenza, como antes de que los primeros habitantes del orbe comieran del fruto del árbol del conocimiento del bien y del mal. La vergüenza vino tras desobedecer a Adonai, distanciarse de él, querer ocupar su lugar y saber lo que solo estaba destinado al creador. Tras ese primer bocado, el pudor entró en los cuerpos y la humanidad aprendió a coser hojas de higuera para esconderse de sí mismos, de los demás y del propio Yahvéh. Aquella noche se contemplaban en la desnudez de la verdad de sus vidas, como en un nuevo Edén, como si todo fuera recreado, transfigurado.

Al amanecer se quedaron dormidos, el fuego se había consumido. Aún humeaban los restos de aquellos troncos cuando el primer rayo de sol entró por la puerta entreabierta y acariciaba sus cuerpos, como si fueran el corazón de la creación.

6

Elogio a un madero

Cristo padeció por nosotros, dejándonos un ejemplo para que sigamos sus huellas.

Él no cometió pecado ni encontraron engaño en su boca; cuando lo insultaban, no devolvía el insulto; en su pasión no profería amenazas; al contrario, se ponía en manos del que juzga justamente.

Cargado con nuestros pecados, subió al leño, para que, muertos al pecado, vivamos para la justicia. Sus heridas nos han curado.

1 Pedro 2,21b-24

Te he abrazado, te he acariciado y me he acercado a ti. He tocado con mis dedos temblorosos la fibra leñosa de tu cuerpo, madero que me asustas, cadalso en el que me colgarán. No me pidas que te elogie; con lo que te he ofrecido creo que es suficiente. Nadie alaba al instrumento con el que lo van a torturar y arrancar la vida; en todo caso, si alguien pronuncia su nombre es para maldecirlo o escupirle. Te tengo miedo, te observo y parece que te me impones desafiante.

No era propio de mi pueblo el crucificar, preferían el arte de la asfixia o el degüello, toda una delicadeza para el reo. Aprendieron a crucificar tomando ejemplo de otros pueblos conquistadores y lo introdujeron en la tierra de las promesas; es así como hicieron de la crucifixión un arte que se extendió.

No eres una cruz especial, ni más grande ni más pequeña, no tienes los extremos rematados en oro, ni en otro material precioso, eres un madero más. No esperaba tampoco algún tipo de exclusividad en esto, nunca las he tenido en nada, no las he deseado; ni el lugar donde nací, ni la casa donde habitaba en Cafarnaúm, ni mi propia tumba, que por lo que veo será prestada, pues la mía hubiera sido en la Galilea de los márgenes, no aquí en la Jerusalén que apedrea y mata a los profetas. A los esclavos, ladrones y sediciosos jamás se les pregunta qué madero llevar, lo escogen otros en su nombre. Al verme me clasifican con ellos, me tildan de blasfemo y de acometer el delito de lesa majestad; soy un delincuente más, uno de tantos que estorba. Me asignan un madero común, ninguno especial.

Te abrazo como quien espera a un viejo conocido, no me atrevo a llamarte amigo. Te envuelvo durante unos instantes. Mis mejillas descansan sobre tu rugosa piel, carne macerada durante años, llenas de anillos circulares. Tu resina, que llora, se mezcla con mi sangre, una alquimia que pareciera descubrir una savia nueva llena de nutrientes. Tu olor me cautiva, lo aspiro profundamente, cuando el aroma llega a mi centro recuerdo Nazaret, el taller de mi padre y aquellos años en los que mi mayor preocupación era la menor que hoy pudiera tener. Por un instante deseo volver a aquel entonces, huir de tu visión y de tu tacto; al verte me dan ganas de vomitar, tengo arcadas.

Conozco por experiencia tu peso; es demasiado. No creo que pueda aguantar hasta el final. Sé bueno conmigo, madero. Cuando era joven y ayudaba en el taller, siempre traté con cuidado y mimo la madera, cortada en el momento exacto de la luna, cepillada, acariciada, pulida. Pasaba mis manos sobre ti, mis dedos sobre tus nudos; jugaba haciendo círculos en ellos con mi índice y corazón. No me lastimes demasiado ahora, cuando te coloquen en mis hombros, pues los llevo destrozados junto a mi espalda, toda abierta.

Cuando te lleve a cuestas, colocaré mi oído junto a ti, en un intento de escuchar tu corazón, que creo aún late en el interior de tu madera. No me imagino qué podrías decirme. Quizá podrías contarme tu propia historia. Me encanta escuchar historias de vidas; creo a la vez que soy un buen narrador de historias. Podrías revelarme dónde naciste, qué tipo de tierra te sostenía y nutría; si te faltó agua para crecer o tuviste demasiada y andabas medio ahogado; cómo creciste, cuándo te cortaron y talaron, cómo te trataron; qué soñabas que sería tu vida, cuál fue la realidad… esa la conozco: instrumento para torturar y asesinar a los hombres. Supongo que en el transcurso de tu vida nunca pensaste acabar siendo una cruz. Suele pasar con nuestras expectativas, que nos movilizan y a la vez nos engañan y frustran. Nacer para sostenerme entre tus brazos vegetales al final de tu vida y de la mía. Curioso.

Si tropiezo, no me golpees con severidad, que siempre te traté con delicadeza. No caigas sobre mí con todo tu peso, desvíate un poco al lado, nadie lo notará, solo yo, que intentaré llegar hasta el final.

No te deseo, no te anhelo, me asustas, me angustias, y contigo parece que caigo en un pozo del que me resulta difícil salir. Mientras desciendo en él, miro al cielo buscando los ojos de mi Abbá… siempre Tú. Abbá, cuando la desesperanza y la tristeza me muerden, si me adentro en mí, allí te encuentro. Siempre Tú, honda y profundamente Tú, siempre, aunque este madero me descentre. Aprieto los labios, emocionado, me tiemblan, me quedo mirando, ensimismado, la nada, mecido entre estos pensamientos y la pena.

Mi sangre ha teñido tu fibra, un tinte carmesí, un tinte natural. Embebes y absorbes mi vida roja a medida que se escapa de mi cuerpo, me la arrebatas. No me he ahorrado nada, he vivido a fondo estos pocos más de treinta años. He conocido lo que es vivir como un hombre, he probado la leche materna y el calor de un regazo. He conocido los terrores en la noche cuando era niño y las pesadillas me asustaban. Mis oídos han vibrado con los cantos de mi padre, y mis labios los aprendieron y repitieron. He sabido lo que es besar y dudar, el cambiar de opinión, el rectificar. Me he apasionado, he probado la densidad del sabor del enojo y la dulzura del amor. He sentido mi sangre revolverse en mis venas cuando era adolescente, el corazón acelerado tras una carrera y la debilidad de la enfermedad y de los estados febriles. He llorado, sollozado y me he sentido triste hasta la muerte. He reído sin parar con mis amigos, he bailado, disfrutado de grandes comidas y alegrado con el vino, he tocado a los intocables, me he acercado a los inaccesibles y compadecido. He puesto en entredicho la vivencia que algunos hacían de la Ley y la religión, dándole el valor justo: estar al servicio de las personas, no por encima de ellas. He vivido de fe, he intentado descubrir en mi proceso vital quién era yo, qué relación tenía con mi Abbá, descubrir a qué me llamaba y ponerme en sus manos, intentando cumplir su voluntad, estando atento a sus deseos. No ha sido fácil, no lo es para ningún humano.

En este momento que parece la última escena de mi existencia; en esta hora intento encajar el sufrimiento, que también parece formar parte de la vida, o al menos así lo vengo experimentando desde hace bastante tiempo. Esto ha sido para mí lo que algunos llaman el vivir. Supongo que el hecho de estar colgado en ti y asfixiarme poco a poco será la última de las experiencias de ser hombre, y todo lo que se dé en esos finales instantes.

Cuando me lo pidan me acercaré tembloroso a ti, extenderé mis brazos sobre los tuyos, no me resistiré, me dejaré hacer; mejor dicho, elegiré dejarme hacer, sigo siendo libre, nadie me quita la vida, la doy porque quiero. Me quedaré unido a ti a través de unos hierros que me atravesarán las muñecas y los pies, quieren asegurarse de que no me escape y si lo hiciera que fuese de modo prodigioso y espectacular, para responder a la imagen de mesías que ellos esperan y con la que tan poco me siento identificado. Me herirán fuertemente, también a ti; ambos agujereados, tú y yo, mi carne y tu madera, ambos unidos por la barbarie humana. Durante unas horas mi espalda completamente herida se rozará en tu corteza intentando incorporarme para coger aire; te ruego que no me lastimes más de lo necesario pues soy una llaga pura. Tu carne, absorbedora de mi sangre, es más hiriente que la mía, que a estas alturas asume todo lo que le viene y se deja hacer por opción propia. Preferir entre el contacto de tu carne y de mi carne o asfixiarme es totalmente cruel, me sigue sorprendiendo la capacidad humana para hacer el bien y para el mal.

Te plantarán sobre un monte en forma de cráneo. Te clavarán a las afueras de la ciudad, en una tierra que antes manaba leche y miel y ahora sangre mezclada con resina. Te abonarán con el estiércol del mal que anida también en el corazón de la humanidad, que parece desear permanecer en tinieblas y en sombras de muerte, y te erguirás como un árbol frondoso, como queriendo alcanzar con tus ramas de extremo a extremo. Me injertarán en ti, especie invasora y bárbara. Para el injerto te harán un corte, luego a mí. Unidos, nos atarán con cuerdas para que tomemos cuerpo el uno del otro, para siempre. Quieren obtener así una nueva especie híbrida, mitad humana mitad madero, que dé abundantes frutos, coloreados y rojizos a la luz del atardecer, en la hora que todo el pueblo acostumbra a sacrificar el cordero de la Pascua en el mes de Nisán.

Cuando recuerdo la de veces que he cogido entre mis manos maderos como los que ahora veo desafiantes, la de troncos que he cargado en mi espalda, transportándolos de un lugar a otro en el taller para trabajar su madera y alumbrar con ella objetos útiles para la vida cotidiana, y ahora casi no me atrevo ni a tocarte. A ti también te utilizarán para algo, te convertirán en un objeto singular y significativo: quitar vidas. No me imaginaba, cuando era niño rodeado de virutas y serrín, que el final de mi vida sería precisamente colgado de un leño. ¡Vaya paradoja! Te harás famoso, tronco abrupto, el madero más famoso de la historia. Te dibujarán, te pintarán, te esculpirán, escribirán sobre ti, cantarán sobre ti, te recordarán.

Solo si te mirase y fuese capaz de vivir este sufrimiento, que ahora soporto, desde un amor más extremo, que me lleve más allá de ti, sería transformante para mí. ¿Se puede, acaso, amar así? ¿Se puede amar más? No sé cómo hacerlo, no me veo capaz. Podría intentarlo como la última de las veces, la posibilidad única, final y más remota. Solo así, desde un amor naciendo de la herida podría elogiarte.

7

Los abrazos queridos

Se le acercaban todos los publicanos y pecadores para oírle. Pero los fariseos y los escribas murmuraban diciendo: "Este recibe a los pecadores y come con ellos". Entonces les propuso esta parábola:

—Un hombre tenía dos hijos. El más joven de ellos le dijo a su padre: "Padre, dame la parte de la hacienda que me corresponde". Y les repartió los bienes. No muchos días después, el hijo más joven lo recogió todo, se fue a un país lejano y malgastó allí su fortuna viviendo lujuriosamente. Después de gastar todo, hubo una gran hambre en aquella región y él empezó a pasar necesidad. Fue y se puso a servir a un hombre de aquella región, el cual lo mandó a sus tierras a guardar cerdos; le entraban ganas de saciarse con las algarrobas que comían los cerdos; y nadie se las daba. Recapacitando, se dijo: "¡Cuántos jornaleros de mi padre tienen pan abundante mientras yo aquí me muero de hambre! Me levantaré e iré a mi padre y le diré: «Padre, he pecado contra el cielo y contra ti; ya no soy digno de ser llamado hijo tuyo; trátame como a uno de tus jornaleros»". Y levantándose se puso en camino hacia la casa de su padre.

Cuando aún estaba lejos, lo vio su padre y se compadeció; y corriendo a su encuentro, se le echó al cuello y lo cubrió de besos. Comenzó a decirle el hijo: "Padre, he pecado contra el cielo y contra ti; ya no soy digno de ser llamado hijo tuyo". Pero el padre les dijo a sus siervos: "Pronto, sacad el mejor traje y vestidlo; ponedle un anillo en la mano y sandalias en los pies; traed el ternero cebado y matadlo, y vamos a celebrarlo con un banquete; porque este hijo mío estaba muerto y ha vuelto a la vida, estaba perdido y ha sido encontrado". Y se pusieron a celebrarlo.

El hijo mayor estaba en el campo; al volver y acercarse a casa oyó la música y los cantos y, llamando a uno de los siervos, le preguntó qué pasaba. Este le dijo: "Ha llegado tu hermano, y tu padre ha matado el ternero cebado por haberle recobrado sano". Se indignó y no quería entrar, pero su padre salió a convencerlo. Él replicó a su padre: "Mira cuántos años hace que te sirvo sin desobedecer ninguna orden tuya, y nunca me has dado ni un cabrito para divertirme con mis amigos. Pero en cuanto ha venido ese hijo tuyo que devoró tu fortuna con meretrices, has hecho matar para él el ternero cebado". Pero él respondió: "Hijo, tú siempre estás conmigo, y todo lo mío es tuyo; pero había que celebrarlo y alegrarse, porque ese hermano tuyo estaba muerto y ha vuelto a la vida, estaba perdido y ha sido encontrado".

Lucas 15,1-3.11-32

Cuando Yahvéh creó todo lo que existe, conocido por la humanidad o desconocido, observó cómo los hombres se abrazaban. Quiso conocer la calidez que produce un abrazo sincero entre dos personas, quiso experimentar aquel gesto de unión en su propia carne. Así, Yahvéh, se hizo hombre, y de este modo Dios se hizo abrazo.

Lo abrazaron tras nacer en aquel pesebre, los primeros brazos que lo acogieron fueron los de su padre Yosef, quizá el de algunas mujeres ayudantes del parto, y finalmente depositado y abrazado por su madre, Myriam. Pocas cosas se pueden comparar al abrazo de una madre, es un retorno al seno del amor y de la vida, donde Yahvéh fue tejiendo a Yeshúa y a cada uno de los hijos de los hombres. Carne de su carne, sangre de su sangre, abrazo de sus abrazos, prolongación del pueblo escogido.

Las manos de sus padres estaban trabajadas por la vida, una vida ordinaria y sencilla, jalonada de quehaceres, de preocupaciones, de ilusiones, de trabajo físico, de incertidumbres, de una confianza puesta más allá de sí mismos y de astillas. Los brazos de Yosef eran fuertes, de tanto trabajar la madera, a veces parecían troncos de almendro; sus dedos, ramas abiertas en las que brotaban flores blancas y rosáceas de un hombre justo. Entre esas ramas se adormecía Yeshúa abrazado. Los brazos de Myriam eran protección y ternura, un echarpe donde reposar siendo amado.

Al fin, Adonai se dejaba abrazar, y por primera vez en la historia experimentaba lo que era sentir en su propio cuerpo sensaciones como el frío, el hambre y la calidez de la carne templada que se despliega en un abrazo.

Lo abrazó Shimon (Simeón), hombre justo y piadoso que aguardaba la aparición del mashiah, ocho días después de su nacimiento en el Templo de Jerusalén. Tras aquel abrazo, consintió morir en paz tras ver a su Salvador y cumplirse finalmente la revelación que a él se le había regalado: ver el consuelo de Israel antes de morir. Adonai siempre cumplió sus promesas, en ocasiones de modo desconcertante, pero siempre fiel, aunque fuera al final de la vida. Tras el abrazo, Yeshúa fue circuncidado, una marca en su propia carne de pertenencia al pueblo escogido; primera vez que derramó su sangre tras un abrazo y un poco de carne, no sería la última.

Lo abrazaron sus padres tras su desaparición y pérdida durante tres días en la ciudad santa. Un abrazo intenso que escondía miedo y angustia tras su ausencia. Cuando Yeshúa desaparecía siempre solía volver al tercer día. Sorprendido de que lo buscasen, comenzaba a descubrir en su corazón que su lugar estaba en el mundo y a la vez en otro lugar más allá, se desplegaba una intuición progresiva de quién era él y la intimidad tan especial con el Dios de sus padres. La intuición se confirmaría entre las aguas del Jordán cuando Juan lo sumergió y sepultó en el río, después lo abrazó.

Juan abrazó a Yeshúa, como quien toma entre sus brazos a un cordero. Dócil y humilde de corazón, confiado y pacífico, se dejó abrazar mientras escuchaba palabras en el aire y la ruah secaba sus cabellos y su lana.

Cuando en la soledad de la noche, Yeshúa, se iba a solas a orar porque quería encontrarse en la intimidad con su abbá, levantaba los brazos al cielo, esperando un abrazo por su parte. Parecía un niño pequeño, tambaleándose de puntillas sobre sí mismo, girando con los brazos levantados esperando la ternura y el amor que se derrama en los abrazos. Solo las estrellas, la luna y su padre, eran testigos de estos momentos secretos de la vida, escondidos y reservados solo para los interesados. Hay instantes sagrados en la vida que, para protegerlos y cuidarlos, no se comparten ni se vociferan, se esconden entre los amantes. Cuando los amantes se abrazan larga y prolongadamente se acompasan las respiraciones, quizá se acarician el cabello y se sienten los vientres y pechos cálidos susurrando palabras secretas al oído mientras se sostiene la vida del otro, aunque uno mismo esté en el aire.

Yeshúa abrazaba a sus discípulos, a sus seguidores, se dejaba hallar y tocar, una extraña calidez exudaba su cuerpo, dejándose encontrar por los que ansiaban un abrazo. Los entendía bien, pues él mismo también deseaba los abrazos y tenía sed de ellos. Se hizo mendigo de amores; por eso escogió desde su nacimiento ser mendicante de vidas, de rostros, de miradas, de caricias... un mendigo de abrazos, como aquel padre misericordioso que tenía un hijo pródigo y dos alejados. Uno de ellos alejado físicamente, desde el día que decidió que para él su progenitor estaba muerto, por eso le pidió su parte de herencia. El otro, viviendo junto a su padre, tenía el corazón lejos de él, igual de lejos que el pródigo de su hermano. Pensaba que todo lo hacía bien, no necesitaba abrazos, ni caricias, pues estaba pagado de sí mismo. Para los dos hubo perdón y misericordia. Con el primero, aquel padre le abrazó y cubrió de besos. No quiso desvelar aquel nazareno, contador de historias y creador y esperador de abrazos, lo qué ocurrió con el segundo de los hijos y si entró o no en casa de su padre.

Muchos fueron curados tras encontrarse con él. Abrazó a la hija de Jairo, cuando la hizo levantarse del abismo. Estaba lívida por la muerte, solo cuando se abrazó al nazareno, su tono morado comenzó a tornarse en cálido.

En alguna ocasión, los agradecidos se abrazaban a los pies de Jesús. Cuando aquella mujer buscadora de amores, juzgada como adúltera por los que se creían intachables a los ojos de Dios y de los hombres, se abrazó a sus pies no se hubiera soltado. Estaba a ras de suelo, donde se arrojan las piedras, donde Yeshúa comenzó a escribir. Algunos afirmaron que aquel rabí galileo escribió "Yo soy", otros vieron los pecados inscritos de aquellos arrojadores de piedras, otros una línea separadora entre los acusadores y su forma de entender el mundo y la frontera entre la forma de vivir compasivamente la vida que tenía el nazareno. Al otro lado de esa frontera, de ese surco abierto con su dedo, aquella mujer pudo abrazarlo y allí llorar su muerte y su vida.

Los que no se atrevían a abrazarlo, porque las leyes religiosas tildaban a algunos encuentros de impuros, se ajustaban para hacerlo de otra forma y acercarse, aunque fuera por la espalda. Por eso aquella mujer, con pérdidas de sangre durante doce años, no se atrevió a abrazarlo cara a cara. La llamaban impura, por estar enferma y perder sangre. Lo que tocaba se convertía en impuro, y donde se sentaba se convertía de igual modo en impuro. Es el poder del sentido del tacto. Por esta invención la privaron de abrazos durante doce años. Solo se atrevió a acercarse al maestro por detrás, escondida entre la multitud, solo le rozó la franja del manto. Ella sanó, y ese roce le supo a un abrazo prolongado; el galileo lo percibió.

Abrazó a la de Magdala, Myriam, y en el abrazo la llenó de vida, la suficiente como para sostener y sanar todo el dolor y el mal que la atormentaban y que algunos cifraban en siete demonios. Cuando se abrazó a él ya no dejó de amarlo hasta el final, incluso después de muerto, la primera mañana de la historia, en el primer día de la semana, en un huerto que recordaba al primitivo Edén, o a aquel jardín de enamorados del Cantar de los Cantares.

Yeshúa abrazó a los niños, se dejó abrazar por ellos mientras los adultos, expertos en disposiciones, normas y protocolos muertos intentaban separarlos de él. No se dejó ni lo consintió, los escogió a ellos y a quienes fueran como ellos. Mientras su luminosa ternura se desplegaba a su alrededor, se perfilaban las sombras más duras de algunos que comenzaban a no soportarlo. A nadie gustó jamás ver sus propias sombras, y si algún tipo de luz las hacía sobresalir, se hacía necesario apagarla. Así, algunos hombres y mujeres prefirieron meter su lámpara debajo de la cama y del celemín, y seguir caminando entre tinieblas donde se habían acostumbrado a permanecer.

A pesar de estar preñado de traición, se dejó abrazar por Yehudah (Judas), se dejó también besar, se dejó saludar y ser llamado rabí (maestro). Yeshúa lo abrazaba con verdad, lo abrazaba con amor en un intento postrimero de cambiar el corazón de su perdido discípulo. No pudo; experimentaba el nazareno, una vez más, los límites de ser hombre, la libertad de que cada uno de ellos optara y decidiera. El de Kerioth (Iscariote) había decidido, y la humanidad con él. Yeshúa también lo había hecho: abrazar hasta el final.

Se abrazó en su último viernes a una columna fría mientras lo descarnaban. Se abrazó a ella, porque no encontró a nadie que quisiera hacerlo. Él buscaba abrazos, ellos le devolvieron golpes, esputos y correas cuyas terminaciones finalizaban en plomos o huesos astillados descargados en todo su cuerpo. Se abrazaba con más fuerza a la columna, susurrando salmos a su abbá mientras su aliento se condensaba en el fuste pétreo. Cuando ya no pudo continuar abrazándola, se dejó caer y pender de ella.

Lo desataron. Se lo echaban de unos a otros, de brazos a brazos mientras lo abrazaban, como en un cruel juego de niños, girando como una peonza ensangrentada, sin intención de retenerlo, ni de apretarlo contra el corazón, ni de sostenerlo en su dolor y en su extenuación física. Yeshúa comenzaba a morir y seguía buscando abrazos.

Tras la columna abrazó al madero. Lo abrazó poco más de un kilómetro hasta llegar al monte donde lo crucificaron. Durante el recorrido algunos piadosos quisieron abrazarlo. Unos y otros se lo impidieron. Los impedidores de abrazos llevaban en la boca el regusto de la muerte, la amargura del odio en la hiel que hacía rechinar sus dientes. Desfigurado por la tortura parecía alzar una mano esperando ser acariciada y tomado por alguien que lo quisiera. No obtuvo respuesta, solo algunas miradas fugitivas bloqueadas por el miedo; ni un gesto.

Adonai ya no quiso nunca dejar de abrazar, acostumbrado en Yeshúa a darse mediante esa unión de cuerpos durante poco mas de treinta años, decidió seguir haciéndolo; por eso al morir colgado del leño se quedó para siempre con los brazos abiertos, esperando ser abrazado por alguien.

8

El olor de los tulipanes

Mi amado es para mí bolsita de mirra
que reposa en mis pechos,
mi amado es para mí racimo de alheña
de los jardines de Engadí.

¡Qué hermosa eres,
mi amada, qué hermosa eres!
Tus ojos son palomas.

¡Qué hermoso eres,
mi amado, qué dulzura y qué hechizo!
Soy un narciso de Sarón,
una azucena de las vegas.

Azucena entre espinas
es mi amada entre las muchachas.

Manzano entre los árboles silvestres
es mi amado entre los mozos:
a su sombra quisiera sentarme
y comer de sus frutos sabrosos.
Me metió en su bodega
y contra mí enarbola su bandera de amor.
Dadme fuerzas con pasas,
y vigor con manzanas:
¡Desfallezco de amor!

Ponme la mano izquierda bajo la cabeza
y abrázame con la derecha.
¡Muchachas de Jerusalén,
por las ciervas y las gacelas de los campos,

os conjuro que no vayáis a molestar,
que no despertéis al amor,
hasta que él quiera!
¡Oíd, que llega mi amado
saltando sobre los montes,
brincando por los collados!

Cantar de los Cantares 1,14–2,8

Agradecí a aquellos tulipanes el abrirse ante mí tan gratuitamente. Agradecí poder contemplar la perfecta textura y el entramado que componían las fibras de cada uno de sus pétalos; las delicadas líneas y la viveza de su satinado color rojo, el diseño de las formas que componían los tonos morados de su interior en esos días de abril.

En la tumba prestada para Yeshúa había dos espacios contiguos. El primero una antesala, el segundo, más profundo, el lugar destinado a reposar el cuerpo. Alguien colocó sobre aquel arcosolio unas flores por primera vez en la historia. Estaban atadas con un hilito de cáñamo.

Cuando Myriam (María) de Magdala entró desolada en la tumba y vio los lienzos blancos que habían cubierto el cuerpo de aquel hombre tan amado, y unas flores frescas como recién cortadas y atadas, cayó en la cuenta de su fragancia. Toda la tumba olía a vida y hierba segada, no olía a muerte.

Myryam besó el costado de Yeshúa cuando, levantado de la muerte, se dejó encontrar por ella tras llamarla por su nombre. Lo más contrario a la muerte es oír el propio nombre pronunciado por la voz de la persona amada. Cuando ella lo escuchó, lo reconoció, se tiró a sus brazos y besó aquella llaga abierta en el costado, sabía a flores; un caballón donde sembrar, una especie de puerto cercano al corazón del Galileo. Estas cosas solo pueden comprenderlas aquellos que tienen una forma de mirar y sembrar distinta.

Myriam andaba enredada en la tristeza, en la angustia y en la muerte, en cambio encontró vida, alegría y un motivo para salir corriendo, gritando por las calles, tras aquel encuentro en el jardín, más allá de las murallas de la ciudad santa de Jerusalén.

No se puede dar explicaciones a los muertos sin que te tomen por loco. Por eso Kefas (Pedro) guardaba silencio tres días después de la muerte de Yeshúa. El poderoso juez interno que el pescador llevaba dentro le había condenado para siempre. En el momento más delicado de la vida del nazareno había renegado de él, mintiendo y maldiciendo, con esas maneras tan suyas de decir las cosas: rudo marinero con surcos agrietados en las palmas de sus manos como olas de la mar.

Le falló, faltó a su promesa, pocas horas antes pronunciada. Seguirlo hasta la muerte… qué destino más ideal y traicionero. A cambio, lo negó tres veces, incluso cruzando sus miradas en la última de ellas. Tras ese atisbo de encuentro en la lejanía entre Yeshúa y Kefas, no había dejado de llorar. Ya no hablaba, solo lloraba, todo el Mar de Galilea vertido por sus ojos. Kefas seguía enredado con su culpabilidad, como en una red de pescador. Cuando Yeshúa, resucitado, le preguntó por tres veces si lo amaba, Kefas tres veces respondió que lo quería y llevando sus labios hasta la llaga de la mano izquierda del galileo la besó y se desenredó. Sabía a mar.

A Taom (Tomás) le costaba confiar, prefería hacer él mismo las cosas cuando estas eran importantes. Intentaba controlar que todo estuviera en su lugar, o todo preparado y listo, o todo a punto... No dejaba protagonismo a la improvisación. Cuando llegó a aquella casa donde habían celebrado el Pesaj (Pascua) unos días antes, y sus compañeros le contaron que Yeshúa estaba vivo, y se les había aparecido, no los creyó. Si en su interior había alguna posibilidad de creerlo, era rápidamente ahogada por improbable, aunque en el fondo de su corazón le hubiera gustado ser testigo de aquel suceso tan maravilloso que le contaban. No era tanto cómo lo narraban sino sus gestos y la alegría con que lo hacían.

Tuvieron que transcurrir ocho jornadas (una más que los días de la creación) para que Taom fuera asimilando lo que le habían contado. Ocho días, enredado con sus habituales dudas, que lo habían ido paralizando. Tras aquella semana y más, y esta vez sí, estando junto a los diez cuando Yeshúa se presentó en medio de ellos, Taom se arrojo de rodillas a sus pies. Por fin se movían sus extremidades tras aquella parálisis y sus labios se abrían para confesarlo como su Señor y su Dios. Su dedo índice atravesó la muñeca derecha del carpintero. El dedo de Taom traspasó la extremidad como si fuera un clavo, cálido esta vez. La carne reconoce a la carne. La de Tomás entró en contacto con la del nazareno, que si bien no sangraba, sí que dejaba una huella sanguinolenta. Las heridas pueden dejar rastros, más aún en los dubitativos y faltos de confianza. Sacado el dedo, Taom besó aquella herida. Sabía a madera y hierro.

Cuando Yeshúa se les mostró a la orilla del Tiberíades, al amanecer, una bruma se extendía por aquel lago. Desde la barca solo distinguían un fuego encendido. Tenían hambre, aún me pregunto de qué. Habían estado faenando toda la noche sin éxito. Cuando aquel cocinero les recomendó echar las redes al otro lado, no lo dudaron y comenzaron a creer que Yeshúa los esperaba a pie de mar. Cada uno de aquellos primeros seguidores tenía sus propias orillas, sus propios enredos con la vida. Fue Yohannan (Juan) el que antes lo reconoció. Era el Señor. El amor siempre agudiza los sentidos, los capacita y entrena.

En cosa de amores y afectos Yohannan destacaba mostrándolos sin pudor. Seguía conservando la capacidad de manifestar aquello que su corazón sentía. Expresaba las necesidades que iba teniendo con esa habilidad suya, tan honesta y tan de verdad. Parecía que esta habilidad se perdía a medida que transcurrían los años en aras de una madurez que, lejos de aclarar malentendidos y abrir horizontes, enredaba y confundía las vidas.

Tras el almuerzo con Yeshúa, aquellos discípulos-amigos besaron las heridas de sus pies, que permanecían abiertas como señales de haber amado mucho. Sabían a pescado y pan. Antes de la despedida con el nazareno plantaron en el hueco de sus llagas unos bulbos de flores esperando que germinaran. Transfiguradas por la resurrección, florecieron cinco tulipanes rojos.

9

Poliedros y versos libres

AUSENCIA Y PRESENCIA

"¿Adónde te escondiste, Amado,
y me dejaste con gemido?"

Veo en la cubiertilla del lecho
sobre la que estuviste sentado tu rastro.
Puse mis manos sobre las arrugas
adamascadas,
aún estaban calientes;
para seguidamente buscarte con mis ojos
por la sala.
Creí que se me iban en pos de ti,
dejando dos oquedades sin vida,
como dos manos en forma de cuenco
pidiendo y esperando.

Te habías lavado y aseado,
con esa costumbre tan tuya
de dejar la toalla de hilo hecha un mundo.

Me acerqué para sentir su humedad y tu olor;
una forma remota de tenerte
en este entretiempo.
El espejo no tiene memoria,
solo sirve para el presente,
por eso no te encontré,
solo vi el reflejo helado
de una cómoda-cajón de muertos

y un santo sin expresión ni afecto.
La marca de tus labios estaba en tu taza vacía
unos posos en su fondo
de lo que te había sobrado.

Lo tuyo siempre fue un derroche conmigo,
una sobreabundancia de amor
y cuidado misterioso.
Ansiaba abrazarte, pero solo podía asirme
de los rastros que ibas dejando a tu paso.

Dejaste el libro abierto por tu página favorita,
siempre te gustó la palabra:
aire susurrado entre tus dientes y tus labios,
entre una lengua que articulaba sonidos
con forma propia,
cuerpos proyectados cerca del Mar de Cirenet,
con autoridad para poner en pie y dar vida.

Te veía en los reflejos,
tu sombra como en un espejo.
Tu presencia rodeaba todo lo mío,
tu perfume flotando
en cada alcoba de nuestra casa.
Tu figura cruzaba mi vida
desde el día de mi nacimiento,
una raya horizontal que nunca me partió,
un cordón umbilical, más bien,

del que me nutría
y me unía a tu placenta.

Eran las cuatro o cinco de la tarde
la primera vez que te vi.
Se paró el tiempo,
dilatado hasta el día de mi muerte,
una prórroga para buscarte y amarte.

Desconozco quién te enseñó mi nombre,
ni en qué momento te trastornaste por mí.
Cuando tatuaste mi nombre
en la palma de tu mano,
debía de estar dormido o entretenido
jugando en las plazas:
absorto, en una infancia de escondites
donde me observabas e ibas tomando apuntes.

Sigo teniendo puesta la mesa por si llegas,
amante de la media noche.
Conozco tus gustos por la nocturnidad,
tu inclinación por la luz de las estrellas
y la luna llena cuando te me das del todo.

He preferido poner unas piezas
de fruta de cera,
mejor que las naturales;
estas no se estropean ni pudren, por si tardas.
He encendido un candil, una luz en la ventana,
por si buscas mi casa en la noche y vienes.

Me asusta la muerte,
por eso he puesto en mi tierra
algunos pétalos de color,
para que los tonos cálidos sobreabunden
ante la palidez liviana de la Parca
y el calor me haga recordar
que tu amor es más fuerte que ella.

Te confieso: querría amarte más.
Agrandar mi corazón
y sacarlo de estos hierros mediocres
que lo aprisionan.
Quizá estos lustros sin tu cuerpo
están pensados para ello,
tu ausencia para fortalecerme,
una carrera de fondo
para cuando te vea y te encuentre
y por fin te meta en el lecho de mi madre,
donde me concibió, en la bodega.

Cuando en ocasiones me descubro
repitiendo el mismo patrón,
herido por tu ausencia y buscándote,
confieso que ya no estoy en el mismo lugar
que antaño,
es como ver el mar desde el alto del acantilado
o al pie de su playa.

Ves, contigo siempre me sale el mar a la boca.
¡Cómo te gustaba el agua!
Tu ausencia es una grieta,
el paso de un mar rojo cuarteado.

Me asusta el camino oscuro hasta encontrarte
y ansío la otra orilla en la que por fin
te abrace,
en la que me pegue a tu cuello sin soltarte.

En esa playa, junto a la hoguera,
un poco de pescado asado;
allí saborearé la sal en tus labios.

Qué fríos los anclajes de tu casa.
Yo también atisbo por sus tapias para verte.
No termino de comprender
que, si el deseo de encontrarnos es mutuo,
para amarnos tengamos que sufrir
esta ausencia de caricias,
en la carne, en las líneas y fronteras
de nuestros cuerpos.
¡Déjame al menos que me queje!

Un río de lava y llama
es la puerta abierta de tu casa,
la luz cálida que ilumina el exterior oscuro,
el porche de la antesala.

Has encendido el fuego,
su luz se proyecta en mi rostro,
una señal para que entre,
para que no me quede llamando
en el exterior frío:
ni tú que siempre esperas que te abra,
ni yo, que melancólico siempre te espero.

¿Qué ves entre las celosías?
Me gusta imaginar cómo me miras,
los pensamientos que vienen a tu pupila,
de este pobre corazón
del que un día te prendaste,
y al que te asomas al atardecer.

¡Cuánto te he costado!
La madera y el hierro penetrante son testigos.
Lo mío son solo gemidos inefables,
una queja, un lamento
porque me falta tu cuerpo,
mientras me debato
entre tu presencia y tu ausencia;
un sueño de realidad mientras me duermo
y percibo cómo me tomas por la cintura.

RECODOS

Te reconozco en esa íntima intimidad
donde se despliega la verdad.
Allí la palabra se me hace corta, imprecisa.

Encuentros fugaces llenos de intensidad,
llenos de hondura
donde te me das y te me quitas,
y me dejas herido, y queriendo más…

Creo que nuestro primer encuentro
fue en el Sur,
cansado del camino y en mitad de la noche.
Tú me declaraste que siempre habías sido
el amor de mi vida.
No dije nada,
me desconcerté mientras veía tu cuerpo.

Todo lo que se daba y se movía en el corazón
se canalizaba por mi pecho
hasta las cuencas de mis ojos
por donde el agua se vertía,
como los torrentes del Negueb,
las aguas de las Marismas.

Me encontraste una tarde de verano,
en el silencio de la tierra y de la hoya,
cerca del mar.

Yo me dejé encontrar cuando, roto,
comprendí que no podría más que mal amarte.
Estaba herido de muerte.
Mi realidad era la tibieza, mi finitud…
no te importó.

Mis amores te atormentaban,
me buscabas para seducirme,
llamándome por mi nombre,
con tu acento del desierto;
palabras silentes de hombre que me seducían.

Te encontré hacia el mediodía,
una hora sexta en tierras de Shomron,
allí te dejaste encontrar
junto al brocal de Andra Mari.

Oquedades…
Oquedad del aljibe, oquedad del cántaro,
oquedad del corazón.

Mira que mi pozo es hondo…
mas tu agua era abundante,
como tu sed de mi sed.
Si conociera tu don, si conociera tus amores,
yo sería el que te pidiera de beber.
Déjame entreverlos si tú quieres…

Mi nariz se aproximó a tus labios,
que entreabiertos susurraban.

Allí me amaste, páramo de desiertos verdes.
Allí me deje amar, en esa nave
de madera y cristal
al pie de los riscos…
con el cántaro puesto a mis tobillos
donde se mezclaban mis aguas de muerte
y tus aguas de vida.
Allí intentabas estañar la vasija rota de mi vida
con tus manos trabajadas
que hacían todo nuevo.

Me preguntaste "¿un poco más?"
aquella noche en que la piedra fue removida
mientras brindábamos por ti.
Con miedos por si mi afirmativa
conllevaría un dolor venidero te dije que sí.
Tu última palabra me susurró que era tuyo.
No me atemoricé por semejante pretensión.

Asentí como quien asiente
ante una verdad conocida.
Y yo tuyo, te dije.
Amor de alianza y pertenencia de corazones.

Cuando te añoro, vuelvo a aquellos lugares
donde tu palabra suspendida en el aire flota
y puedo intuirla y escucharla.
Siempre me gustó tu olor:
un rastro de hierbas pisadas
en los caminos de Galilea.

Las texturas de la carne

Artista que te abajaste hasta la materialidad
del barro y del pigmento.
Materia capaz de crear belleza,
de expresar y de sentir
todo lo que se te revelaba
e intuías desde dentro,
desde un corazón de Hijo de Hombre
con un pericardio donde la Ruah soplaba.

Te hiciste carne para nacer
por el canal de parto
de una joven pobre que esperaba,
que cantaba versos en arameo,
que barría el polvo de la puerta de casa,
una frontera nazarena.

Te hiciste carne para descubrir
cómo los tejidos y la paja del pesebre
abrigaban en este mundo; frío.

Te hiciste carne para lactar
la leche de tu madre
y calmar esa oquedad en el estómago
que llamamos hambre,
y calmar esa oquedad de amor
que llamamos hambre.

Te hiciste carne para aprender a obedecer
a base de sufrimientos
desde el "por qué me buscabais"
hasta el "sígueme".

Te hiciste carne para esperar en largos años
el sentido y la misión de tu vida:
un Dios-Palabra gustoso también
de largos silencios
que parecían respuestas.

Te hiciste carne para tener sed de corazones
en Sicar y Galilea;
en el Gólgota donde se secaba tu garganta
y tu lengua se pegaba al paladar.

Te hiciste carne para vivir en soledad,
a pesar de que te dejabas encontrar
en los caminos,
a pesar de las gentes que te rodeaban
o que te despreciaban.

Te hiciste carne para ser el pobre de espíritu,
el manso y el que llora.

Te hiciste carne para tener hambre y sed
de justicia,
para ser misericordioso y limpio de corazón.

Te hiciste carne para trabajar por la paz
y ser perseguido.

Te hiciste carne para tocar los cuerpos
con tus manos cálidas
y sanar dolencias desde dentro de la historia
y dar vida a los márgenes
que en ella se quedan.

Te hiciste carne para confiar más en un Padre
que en el miedo a ser destruido.

Te hiciste carne para sufrir la crisis
y las dudas de posibles espejismos.

Te hiciste carne atemperada
para amar hasta el extremo;
nosotros la dejamos enfriar hasta la muerte.

Un montoncito de tierra

Un montoncito de tierra amada, nada más.
Un montoncito que cabe entre las dos manos,
y sostenido por ellas, se atempera;
y abandonado se enfría,
como se enfrían los campos en la noche.
Un montoncito de tierra con capacidad
para que brote la vida en mi interior
y germine y se abra.

Así me presento,
en un deseo de reconocer
las grietas de mi vida
y abrazarlas,
y saborear así su belleza y su dolor.

Un poco de tierra
bien mirada, sostenida,
y sonreída
y hasta besada,
porque a veces, los hombres, besamos la tierra,
nos la llevamos a la boca, tan pobres somos.

Un montoncito de tierra
donde penetrar los dedos
y hundir las falanges,
como quien quiere plantar
y se deja acariciar y regar y consentir.

Un montoncito de tierra colocada a tus pies,
cabe a ti,
como un signo, poquita cosa
si no fuera porque me piensas y deseas.

Un montoncito de tierra donde caben
todos los sueños apretados,
y cientos de nombres,
y mis miedos y consuelos y tú.

Pródigamente gracias

Gracias por pensarme,
engendrarme y parirme
a una vida de carne y espíritu.

Gracias por el don de un hermano
y tener donde descubrirme respecto a un otro.

Gracias por repartirme tus bienes
y poder heredar,
incluso antes de tu propia muerte.

Gracias por esperarme y mirarme,
aún cuando estaba lejos.

Gracias porque tus entrañas se conmueven
y rezuman ternura.

Gracias por correr hacia mí;
andar te parecía insuficiente.

Gracias por echarte a mi cuello,
allí te echas ovejas perdidas,
e hijos perdidos y maderos.

Gracias por cubrirme de besos;
no encuentro un gesto mayor de amor
que tu calidez en mi piel.

Gracias por regalarme mi desnudez
y por cubrirla con tu mejor vestido
al contemplarme frágil.

Gracias porque otros me visten también.

Gracias por colocar en mis pies unas sandalias;
siempre me das soporte,
y un anillo en la mano, siempre me desposas.

Gracias por ordenar traer el ternero cebado,
era una exclusividad.

Gracias por sacrificarlo para mí,
tú único ternero cebado.

Gracias por celebrar un banquete en mi honor,
gracias por alegrarte.

Gracias por salir a por mí
cuando yo no quería entrar.
Tomaste una vez más la iniciativa.

Gracias por rogarme que entrara
y darme razones.

Gracias por estar siempre conmigo
y hacérmelo saber,
en ocasiones necesito oírlo.

Gracias porque todo lo tuyo es mío,
yo ya no tengo nada.

Gracias por considerar ser preciso
celebrar un banquete, celebrar la vida.

Gracias por alegrarte al revivir tras mi muerte.

Gracias por encontrarme
cuando me perdí pródigo
y volver a pensarme.

Parece que lo tuyo es crear y recrear,
te doctoraste en segundas oportunidades.

10

Los segundones

Pero tú, Belén de Efrata, pequeña entre las aldeas de Judá, de ti sacaré el que ha de ser jefe de Israel: su origen es antiguo, de tiempo inmemorial. Pues los entrega solo hasta que la madre dé a luz y el resto de los hermanos vuelva a los israelitas. En pie pastoreará con la autoridad del Señor, en nombre de la majestad del Señor, su Dios; y habitarán tranquilos cuando su autoridad se extienda hasta los confines de la tierra.

Miqueas 5,1-4

Y así, a trasmano, en estas últimas páginas, cuando parecía que solo quedaban algunas hojas blancas de respeto, me viene a la cabeza cómo Dios siempre sorprende.

Cuando parece que humanamente ya no existe posibilidad o alternativa, o que la vida no puede ser otra cosa salvo aquello que estamos viviendo, o el significado plano que le damos a nuestros días, Yahvéh toma la iniciativa una vez más.

Cuando parecía el final de esta obra, algo nuevo comienza. No quiero perder la esperan-

za en que con la vida ocurre de forma similar y que los segundones de la vida pueden dar un paso al frente, y comenzar el canto de su existencia desde el proscenio. Los segundones: los hijos segundos, los que no son de primera, los que siendo bendición, desempeñaban un papel de menor relevancia que el primogénito. Los de segunda fila, excluidos de la herencia en las familias que aplicaban las leyes de primogenitura. Obligados a emigrar, a buscar fortuna, sin posibilidades aparentes de ascenso, ni deseo en muchas ocasiones de conseguirlo.

En el pueblo de Israel los primeros en nacer eran consagrados a Dios, tanto los hijos como los animales. Recordaban con ello la matanza de los primogénitos en Egipto de la que solo Moshé (Moisés) fue rescatado y la salvación de los niños hebreos cuando la última de las plagas robó el aliento de aquellos otros niños egipcios culpables de que sus padres no hicieran una señal sanguinolenta en las jambas y dintel de aquellas maltrechas puertas. En una y en otra los segundones fueron salvos.

La békóráh era el derecho a la primogenitura. Al hijo mayor, el primer fruto de la fuerza del padre y de la madre, se le transmitía la bendición y la promesa; a los segundones una sonrisa comprometida, un par de sandalias para andar caminos y un bastón por si estos se alargaban.

Fue el Elohim, el Dios que escogió al pueblo de Israel como su primogénito, el que rompió la regla de oro para los nacidos en primer lugar. Se complació en los segundones, en los que no contaban; escogidos de los que poco, humanamente, se esperaba y así reescribió la vida, inflamó las esperanzas y alargó las promesas. Israel fue escogido como si fuera el menor de los hermanos, el más insignificante de todos los pueblos, así lo recogía la Escritura; escogido y, así pues, también amado.

Aunque Esav (Esaú) fue el primero de los mellizos en ver la luz al nacer del vientre de su madre, Rivka (Rebeca), fue Ya'akov (Jacob) quien recibió la bendición de su padre ciego. A través de engaños, de comprar la primogenitura de su hermano por un plato de lentejas y de la ayuda de su propia madre, el segundón fue bendecido, cambiando el orden que se hacía desde antiguo.

Dios bendijo al lampiño de Jacob, segundo en nacer, tras ser palpado por su padre y confundirlo con su hermano. Lo confundió por el vello de sus brazos y cuello, por el aroma de su traje que olía a campo. Aquel padre moribundo y ciego rogó para que el rocío del cielo y la fertilidad de la tierra se unieran y trajeran la abundancia de trigo y vino, la abundancia de vida sobre Jacob. A pesar del engaño, Itzjak (Isaac) no cambió su decisión y Yahvéh bendijo al segundón.

Cuando Jacob, envejecido, también comenzó a perder la visión, quiso bendecir a los hijos de su hijo Yoséf, nacidos en Egipto: Manasés y Efráin. Los besó, los abrazó y al extender las manos sobre ellos para bendecirlos las entrecruzó. Así, Jacob bendijo con su mano derecha al menor de los hermanos y con ello recibió la bendición del primogénito y con la izquierda al mayor. Ante el desagrado de José por la equivocación, Jacob no cambió su decisión y Yahvéh bendijo al segundón.

Cuando el Elohím quiso escoger un nuevo rey para Israel, mandó a Samuel hasta Belén a casa de Yishai (Jesé), con un cuerno lleno de aceite para ungirlo. Yahvéh no se fijó en la apariencia, ni en lo grande de su estatura (prefería descartar estos criterios), sino en el corazón, por eso escogió al menor de ocho hermanos, al pastor rubio de hermosos ojos y tañedor de cítara.

En el hijo pequeño llamado David, nacido en las tierras de Belén, Samuel derramó el aceite del cuerno, ungiéndolo como rey delante de sus hermanos mayores. Samuel no cambió su decisión y Yahvéh bendijo al segundón.

Fue Salomón, el segundo hijo del rey David, quien se sentó en el trono de su padre. Lo montaron en la propia mula del rey, después el sacerdote Sadoc y Natán el profeta lo ungieron con el aceite del cuerno que se custodiaba en la Tienda del Encuentro. Hicieron sonar la trompeta y con su canto el pueblo aclamó: "Viva el rey Salomón". Lo acompañaron tocando flautas, hicieron una fiesta estruendosa, y Yahvéh bendijo al segundón.

Podría seguir enumerando todos los casos en los que Dios se complació en los segundones de la historia, en los pequeños, en los que no cuentan.

Nosotros nos hubiéramos fijado en los primogénitos, en los primeros, en los poderosos, en los que cumplen todas las leyes religiosas, en los que están en orden con la institución, en los que se sienten seguros de hacer lo que Dios manda, en los que sacralizan las leyes, la cultura o las instituciones. Nos hubiéramos fijado en los de buena apariencia, los perfectos, los garantes de la tradición, los que saben qué está bien y qué está mal, los que no dudan, los que no ven tonos grises intermedios, pues la realidad para ellos es blanca o negra, los que controlan, los que cumplen, los pagados de sí mismos.

Yahvéh se fijó en otros, y así lo hizo desde principio, segundones de localidades marginales y periféricas como Nazaret en la Galilea de los gentiles. Yosef, Myriam y el propio Yeshúa eran de estos.

Fronterizos de la tierra y fronterizos existenciales, a ellos Dios los miró, y miró su humildad y esclavitud, e hizo obras grandes con ellos. Su misericordia llega a los segundones de generación en generación y los enalteció, colmó de bienes y auxilió por siempre.

Pienso hoy en los segundones de nuestros días, los que la sociedad y tantas veces las religiones dejan a los lados, los que por distintas razones no son considerados primogénitos y son perseguidos por palabra, obra u omisión, incluso desde las propias instituciones religiosas... y **gracias** a Dios, amadísimos por Él.

Cuando pienso en mi existencia y me reconozco como segundón amado, mi vida también se reescribe, y mi esperanza se inflama y su promesa llega hasta mí. Soy yo el que no puedo contar las innumerables estrellas al salir del zaguán de mi estrecha casa, y soy yo el que no puedo contar los millones de granos de arena de la playa de mi existencia, y soy yo del que se prolonga mi herencia en mis hijos que no tengo y mi pueblo al que no conozco. Poco importa que no existan, ya está escrito y pronunciado por el Dios de la Vida.

ÍNDICE